LES VISIONS

DE

THÉOTISTE COVAREL

LES VISIONS

DE

THÉOTISTE COVAREL

OU

NOUVELLES EXTRAVAGANCES

DANS LE

DIOCÈSE DE MAURIENNE

*Væ prophetis insipientibus qui
sequuntur spiritum suum et
nihil vident !*

EZÉCHIEL.

ROANNE

IMPRIMERIE ROANNAISE
MARTONNE
PLACE DE L'HOTEL-DE-VILLE

1875

PRÉFACE

Les injures des libertins et des voyous ne peuvent atteindre les honnêtes gens ; on les méprise et l'on passe. Il ne saurait en être de même des insultes et des calomnies qui viennent de haut ; celles-ci malheureusement portent coup ; elles salissent et blessent ; les supporter sans mot dire, c'est presque s'avouer coupable. Donc, pour peu que l'on soit soucieux de sa réputation, l'on est contraint de se défendre. Si c'est pour tous un droit, c'est un devoir pour le prêtre, à plus forte raison, pour tout un clergé flétri publiquement par deux personnages haut placés. Car cette flétrissure des ministres de Dieu rejaillit sur les intérêts les plus sacrés de la religion, de l'Eglise et des âmes.

Le cœur nous saigne en pensant que nous ne pouvons repousser l'outrage sans faire peser la responsabilité la plus grave sur des supérieurs, que nous voudrions pouvoir couvrir du manteau de la charité : *dura lex, sed lex*. Outre que la charité doit fléchir et s'effacer devant les droits de la justice outragée, et que le bien particulier doit céder au bien général, il y a ici des raisons d'un ordre supérieur, qui se rattachent à la gloire de Dieu, à l'honneur de la Religion, au salut des âmes.

Si nous avons si longtemps gardé le silence, c'est que nous espérions un retour au bon sens et une réparation, qui aurait concilié les droits du respect avec ceux de la vérité.

Mais, puisque l'indignation des bons chrétiens, le dégoû
des honnêtes gens et les tristes applaudissements de l
canaille n'ont pu éclairer nos supérieurs sur le scandale d
rôle odieux auquel ils se prêtent, nous nous sommes décidé:
bien à regret, à réunir et à publier les considérations qu
nous avons recueillies de la bouche de nos confrères, e
les détails que nous tenons des personnes les mieux informée:

Ce n'est pas que nous espérions détromper ceux qui croier
à cette étrange jonglerie. Tout leur a été dit, avec forc
affection et respect. Hélas ! l'amour propre, surtout l'amou
propre sénile, quand il s'obstine, a pour principe de n
jamais se rendre.

Notre but, c'est de venger l'honneur d'un clergé, qui toù
jours jusqu'ici, en Savoie comme à l'étranger, a joui de l
meilleure réputation. C'est aussi de fournir à chaque prêtr
les données nécessaires pour atténuer le scandale de
fidèles.

Monseigneur notre Evêque, en ordonnant l'impression di
rapport et l'envoi d'un exemplaire à chaque prêtre, s'e:
prudemment abstenu de porter un jugement sur la vérité de
apparitions de Théotiste. Nous pouvons donc réfuter le rap
port, chose plus facile qu'agréable, sans manquer au respec
et à la soumission que nous devons à l'autorité enseignante
Ce qui nous rassure d'avantage encore, c'est que l'honorabl
rapporteur M. Albrieux, Prévôt, Protonotaire apostolique
supérieur du Petit-Séminaire. etc., etc., déclare dans soi
œuvre *magistrale* qu'il *n'a pas la prétention d'imposer s*
croyance à qui que ce soit. Nous pouvons discuter en tout
liberté (1).

____

(1) Voir le Rapport à la fin de la brochure.

LES VISIONS DE THÉOTISTE

Abyssus abyssum invocat : Une sottise en appelle une autre, quand on y persévère avec entêtement. Donc, après le *Cantianillisme, le Théotisme.* L'orgueil est le père de la sottise. Quand il en a fait des siennes, c'est-à-dire des plus lourdes, loin d'avouer ses torts et de les réparer, il les aggrave en prétendant se justifier. Puis il cherche une revanche et s'inflige une nouvelle humiliation plus grande que la première. Ainsi les sottises se suivent et se précipitent comme les flots d'un torrent fougueux : *Abyssus abyssum invocat, in voce cataractarum.* · C'est le développement logique des faits, autant qu'un juste châtiment de Dieu.

Or, voici le bon billet que nos cantianillistes déconfits viennent d'attraper pour leur gloire et notre plus grand bonheur. Ce sont toujours, il est vrai, des manifestations surnaturelles, mais certaines cette fois, et puis admirables, attendrissantes..... Il ne s'agit plus d'une exécrable femme, fille publique, épouse adultère, hypocrite, comédienne, vrai

démon sorti de l'enfer pour les tromper. Leur nouvelle prophétesse est une blanche colombe, un ange de candeur e
d'innocence, une âme limpide comme le cristal..... Quan
les esprits célestes s'incarnaient pour un instant dans Cantia
nille et rendaient leurs oracles par sa bouche, leur intervention était difficile à prouver ; ce qui fit manquer l'affaire
Nous avons changé tout cela : aujourd'hui la Sainte-Vierg
apparaît à Théotiste, et très-souvent ; Elle lui parle à haut
et intelligible voix ; chose facile à constater et par conséquen
incontestable.....

Donc Théotiste Covarel, domestique à Saint-Jean-de-Mau
rienne, vient nous dire par l'organe de Révérend Albrieux
Prévôt du chapitre, et avec la haute approbation de notr
évêque, monseigneur Vibert, qu'elle a été favorisée d
vingt-deux apparitions de la Sainte-Vierge, qu'elle l'a vu
et entendue, qu'elle a causé familièrement avec elle, lu
posant même des questions indiscrètes sur le compte de diver
prêtres ; qu'il lui a été donné de contempler, une fois, l
spectacle de la crèche, et une autre fois, Notre-Dame de
Sept-Douleurs tenant dans ses bras l'enfant Jésus, sanglant
meurtri, défiguré, mort pour les péchés..... des prêtres !!!
Etc., etc.

C'est déjà grave, très-grave. Ce qui l'est bien davantage
c'est que Théotiste porte contre le clergé de la Savoie de
accusations souverainement diffamatoires, si tant est qu'elle
ne soient pas calomnieuses, comme elles apparaissent à tou
le monde. La Sainte-Vierge aurait *révélé les grands péché*
dont le clergé de ce diocèse ne cesse de se rendre coupa.
ble..... Elle s'est plainte, avec une vive douleur, de
prêtres qui célèbrent la sainte messe en état de péch
mortel..... Puis, généralisant sa plainte, notre Mère
dit que le clergé de la Savoie est dans la mauvaise voie
que ce pays est couvert des péchés de ses prêtres, que,
pour un grand nombre, leur triste sort est sans remède.....
qu'ils sont perdus sans ressource, qu'il est même inutile

de prier pour eux..... etc., etc. La Sainte-Vierge ne peut plus retenir le bras de son fils..... Le mal est si grand qu'il est presque sans remède et qu'elle se voit forcée de laisser éclater la colère céleste..... Si l'on ajoute pas foi à ses paroles, au mois de décembre l'on verra dresser le gibet..... Le diocèse de Maurienne est menacé de périr. Sans l'affection spéciale que Marie lui porte, il aurait déjà été abandonné.....

Ce court exposé fait frémir..... Jamais assurément l'autorité spirituelle n'a été appelée à se prononcer sur des révélations plus graves et plus étranges. C'est le cas, ou jamais, d'user d'une prudence exceptionnelle, pour éviter une erreur dont les conséquences seraient incalculables. Car les visionnaires ne sont pas rares, surtout dans des temps de perturbation comme les nôtres, et sur cent il y en a quatre-vingt-dix-neuf qui sont le jouet d'une illusion plus ou moins grave de leur imagination, de leurs rêves, des hallucinations de la folie, peut-être même des artifices du démon..... Aux illuminés de bonne foi il faut ajouter les fourbes, poussés par la passion ou par l'intérêt. Ce cas est plus rare, mais nullement hypothétique, et ce sont les gens qui ont le plus de confiance en leurs lumières qui se laissent le plus grossièrement tromper. Nous en avons eu naguère un lamentable exemple au milieu de nous.

Aussi Dieu nous a-t-il prémunis, dans maints passages des livres saints, contre les faux prophètes, les fausses visions, les faux miracles..... L'Eglise, à son tour, nous a tracé les règles à suivre dans ce cas, règles sévères et extrêmement sages, qu'il n'est permis à aucun prêtre d'ignorer ou de méconnaître.

Le saint concile de Trente, en particulier, *défend d'admettre de nouveaux faits miraculeux, sans qu'ils aient été reconnus et approuvés par l'Evêque, lequel, dans cet examen, sera assisté d'un conseil de Théologiens et d'hommes pieux.* D'après la pratique de l'Eglise et les

explications des auteurs approuvés, cet examen minutieu
doit porter spécialement : 1° sur les auteurs ou témoins de
faits merveilleux ; 2° sur les enquêtes et les rapports ; 3° su
les faits et les doctrines ; 4° sur les preuves pour et contre
Suivons cet ordre et voyons comment les règles de l'Eglis
ont été observées concernant les apparitions et les révélation
de Théotiste.

1

LA VOYANTE ET SES PARTISANS.

La première question que l'on se pose à propos des indigne
accusations de Théotiste, c'est de savoir quel degré d
confiance méritent la voyante et ses patrons. C'est donc auss
la question que nous avons à élucider avant tout. Nou
tâcherons de le faire avec modération ; mais il nous ser
impossible de ne pas dire de pénibles vérités. Habitués à l
flatterie dans le cercle étroit de leurs relations, ces Messieur
s'indigneront de tant d'audace et ne manqueront pas d
renouveler contre nous leurs accusations de haine et d
dénigrement. Cependant nous ne faisons qu'user du droit d
légitime défense. Nous sommes publiquement accusés e
vilipendés, et cela au nom du ciel ; il serait bien étrange qu
nous n'eussions pas le droit de nous défendre, pour l'honneu
du sacerdoce et pour le bien des âmes que l'on scandalise
1° Le témoignage de Théotiste Covarel est l'unique preuv
des visions et des révélations dont elle prétend avoir ét
favorisée. Il importait donc de faire croire qu'elle mérit
toute confiance, qu'elle est incapable de tromper et mêm
d'avoir été trompée. Ce n'est donc pas sans raison que l'auteu
du rapport nous trace de cette fille un portrait flatteur e
nous la présente comme une petite sainte. Il paraît qu'il fau
en rabattre, et que la voyante, en donnant sur ses vertus des
renseignements inexacts, a caché soigneusement, par humilité
sans doute, le revers de la médaille. Nous sommes **fâchés**
d'avoir à faire des redressements peu galants.

Théotiste Covarel appartient à une famille honorable de Font-couverte, mais renommée dans le pays par une rare crédulité d'esprit à de folles visions. Deux de ses tantes ont été toute leur vie d'incorrigibles visionnaires. L'une d'elles voyait fréquemment le Saint-Esprit. Un de ses proches parents, bien jeune encore, rencontrait souvent un revenant. C'était son cher parrain, qui venait se plaindre de souffrir en purgatoire parce que ses héritiers ne payaient pas à son cher filleul le legs qu'il lui avait promis à leur insu..... Une cousine de Théotiste, aussi visionnaire, en est réduite à courir les paroisses du voisinage pour surprendre, au confessionnal ou à la table sainte, la bonne foi des prêtres qui ne la connaissent pas. Nous pourrions citer encore une autre de ses cousines, qui ne craint pas d'avouer qu'elle doit à la fermeté de son confesseur d'avoir été détrompée de ses folles illusions. Enfin Théotiste, encore enfant, prétendait déjà voir la Sainte-Vierge. C'est avec la verge que sa mère la guérit pour longtemps de cette maladie précoce des visions. Mais un mal héréditaire finit toujours par reparaître quand a cessé le remède.

Ces faits seraient-ils une garantie de la parfaite sanité d'esprit de la voyante? Ne sont-ils pas au contraire de nature à faire présumer qu'elle est dupe d'une regrettable hallucination? Voilà ce qu'il fallait examiner avant tout, à moins que de propos délibéré l'on ait voulu être trompé par une pauvre folle. Or, c'est précisément le contraire que l'on a fait, comme nous l'avons constaté et comme l'atteste un témoin non suspect, le docteur Boulan, qui *a été mis au courant de tout dès l'origine.* Au mois de novembre dernier, c'est-à-dire trois mois après que M. Albrieux-Commission eut terminé son travail, maître Boulan, faisant le panégyrique de Théotiste et de ses partisans, écrivait dans les Annales de la sainteté : « Une commission d'ecclésiastiques fut nommée « pour l'examen de cette affaire, *au point de vue doctrinal,* « *l'examen de l'esprit de la personne elle-même* (Théotiste)

« *étant réservé à une époque ultérieure* (?), *ainsi qu'il*
« *était convenable* (!!!)... »

Ajoutons que d'après tous ceux qui la connaissent, sa capacité intellectuelle et son instruction sont bien au-dessous de la médiocrité. Ce n'est pas à dix ans, comme dit le rapport, mais à treize ans qu'elle a fait sa première communion, ce qui ne prouve pas précisément qu'elle fut dès son enfance un prodige d'intelligence et d'application.

Quant à ses vertus, le témoignage de sa mère est en parfait désaccord avec celui du Révérend Prévôt. Voici les dépositions de cette femme *vertueuse*, suivant l'expression du rapporteur.

Elle n'a jamais remarqué chez sa fille cette tendre dévotion envers Marie, dont le rapport fait tant d'éloges. Elle a toujours ignoré que cette dernière ait eu l'habitude de réciter chaque jour son chapelet ou même le rosaire. Pour cacher pendant vingt ans ces pratiques religieuses quotidiennes, il faut que la pieuse fille y ait mis plus de soin encore qu'elle n'en met maintenant à les faire connaître.

Sous le rapport de sa conduite, Théotiste n'a jamais causé que des chagrins à ses *vertueux parents*. Menteuse et querelleuse, elle était un sujet continuel de discordes dans la maison. Plus d'une fois on découvrit les larcins qu'elle commettait pour se régaler avec ses compagnes. Omettons les détails prolixes que la mère a donnés sur le compte de sa fille, en pleurant sur le triste rôle qu'on lui fait jouer. Mais notons que celle-ci, ne voulant plus des réprimandes de ses parents, les a quittés contre leur volonté expresse, pour aller en service. A la mort de son père, il y a deux ans, elle intenta un odieux procès à la pauvre veuve, et dès lors elle lui garde une bonne petite rancune, ne lui rend plus aucun devoir de piété filiale, négligeant d'aller la visiter quand elle revient au pays, ne daignant pas même la saluer quand elle vient à la rencontrer.

A ces dépositions d'une mère désolée, nous ajouterons que

Théotiste, étant domestique au Petit-Séminaire, **fut prise en
flagrant délit de mensonge**, et qu'elle eut plus d'une fois
des difficultés avec les personnes employées au service de
l'établissement, excepté, bien entendu, avec Jacques..... Il
est prouvé qu'elle voulait épouser ce dernier, qu'elle n'a rien
négligé pour arriver à ce but ; qu'après avoir passé au service
de madame Sambuis, elle se ménagea encore des entrevues
secrètes avec cet honnête garçon (1).... Honni soit qui mal y
pense ! Toutefois nous sommes loin de cette vie tout entière
consacrée au culte de Marie, de *cette vertu constante et éprouvée, qui conserve toute la naïve simplicité de l'enfance* (p.3).

Enfin il est prouvé que, tout dernièrement, cette malheureuse a travaillé, avec intention, à brouiller dans la maison
de ses maîtres, trois ménages et deux époux...

Le rapprochement des paroles élogieuses du rapport avec la
triste réalité fait involontairement rêver à la sainte de Maglan.

Au lieu de se contenter du témoignage quelque peu inté-
ressé de Théotiste et de sa chère maîtresse, n'était-ce pas le
cas de procéder, suivant les prescriptions canoniques à une
petite enquête sur les antécédents de cette fille ? Est-ce que
la prudence la plus vulgaire n'exigeait pas que l'on inter-
rogeât au moins ses parents et le curé de sa paroisse natale ?
Non seulement rien de tout cela n'a été fait, mais encore l'on
a refusé de recevoir les dépositions transmises par M. l'Archiprêtre curé de Font-couverte. Monseigneur s'est contenté
de lui répondre aigrement : Comment pouvez-vous ignorer
que les dispositions du code civil et du droit canonique et
même la loi naturelle interdisent de recevoir les dépositions
d'une mère contre sa fille (!!!)? — Observons d'abord qu'il ne
s'agit point ici d'une déposition judiciaire, mais d'une simple

(1) Dans un de ces entretiens, et c'était pendant le cours des apparitions,
Théotiste disait à Jacques : La Sainte-Vierge m'a dit qu'il fallait en finir et
nous marier sans retard... Elle m'a révélé que tu serais malheureux avec celle
que tu veux épouser... — Eh bien ! quand la Sainte-Vierge me le dira, nous
finirons ce qui n'a pas été commencé (historique)... Et Jacques a fait un autre
choix et il n'est pas malheureux.

information commandée par la prudence la plus élémentaire. Or, *cette vertueuse mère* nous paraît incontestablement le témoin le mieux renseigné et le plus digne de confiance. D'autre part, si le droit défend de contraindre les parents à déposer contre leurs enfants, il ne défend nullement de recevoir leurs dépositions volontaires. Donc l'ignorance crasse du droit, n'est pas chez celui qui en est accusé.

Pour conclure, nous demandons quelle confiance méritent les visions de Théotiste et ses outrageantes accusations contre le clergé ? Sa crédulité, son ignorance, son peu de capacité, ses antécédents, ses traditions de famille la mettent-ils à l'abri du moindre soupçon, non seulement d'avoir voulu tromper, mais encore d'avoir été trompée ? Est-il impossible qu'elle ait été le jouet de son imagination, des hallucinations héréditaires dans sa famille ou bien d'une intervention diabolique, peut-être même d'une pieuse supercherie, suggérée par le désir de mettre fin à des divisions regrettables ? Qu'a-t-on fait pour écarter tout danger d'erreur ? Ne dirait-on pas, au contraire, que l'on a voulu donner tête baissée dans cette étrange mystification ?

2° Le choix du *greffier d'information*, comme dit l'abbé Boulan, ne nous étonne pas moins que celui de la voyante. La *Vierge très-sage et très-prudente* adressa d'abord, on ne sait pourquoi, la *pieuse fille* à M. le chanoine Bellet, qui devait tout rejeter comme absurde, puis à M. le chanoine Albrieux, qui devait tout admettre d'emblée et sans objection. La Mère de Dieu, qui, en est réduite à tâtonner, à sonder les dispositions, et qui, ayant tristement échoué auprès du prêtre le plus prudent, est obligée, après six mois de réflexion, de choisir l'homme le plus crédule, le moins propre à ses desseins, arrivé au dernier période de la monomanie du merveilleux !... (1)

(1) Pour donner le change sur cette fausse manœuvre du céleste messager, le rapporteur raconte que la Sainte-Vierge a envoyé Théotiste dire à M. le Curé qu'il fallait prier pour que les prêtres se convertissent. La vérité, c'est qu'elle a fait part de sa première vision, sans parler ni des péchés des prêtres, ni des prières pour leur conversion.

M. le Prévôt est en effet un chercheur infatigable de visions, de prophéties, d'apparitions, de miracles... visant au nombre, sans s'inquiéter de la qualité..... Dans ses sermons, il a la manie de poser en prophète armé des foudres de la justice divine et d'épouvanter son auditoire par des menaces de châtiments effroyables, de calamités publiques, de révolutions sanglantes..... Nous n'apprendrions rien à personne, si nous ajoutions que le dignitaire *élu du ciel* pour examiner et accréditer des révélations aussi incroyables, n'a jamais su ce que c'est que le calme et l'impartialité ; qu'il est incapable d'un examen sérieux sans parti pris, d'une froide appréciation des personnes et des choses ; qu'en cette matière surtout, sa crédulité et sa passion pour le merveilleux l'exposent à toutes les duperies ; que vingt fois déjà il s'est laissé tromper et exploiter par des chevaliers d'industrie.....

Dans l'affaire du Cantianillisme, il a donné la mesure de sa clairvoyance et de sa sincérité. Chargé d'examiner le livre obscène, impie, extravagant de Tho..., il n'y trouva rien à censurer. Il en soutint même la parfaite orthodoxie à un jeune prêtre, son protégé, qu'il cherchait à endoctriner ; ce qui ne l'empêcha pas d'affirmer, quand l'ouvrage fut condamné, qu'il ne l'avait pas lu..... Il fit des scènes à ses professeurs pour avoir signé la protestation du clergé contre cet affreux scandale. Il eut foi entière à Cantianille et à Tho..., les reçut fréquemment à sa chambre, toujours avec de grandes démonstrations de respect. Il y avait deux ans que cette hideuse femme traînait avec elle à travers le monde un vicaire général, aux frais de leurs aveugles protecteurs, à la honte du diocèse, et M. Albrieux ne permettait pas qu'on en parlât mal en sa présence..... Depuis l'apostasie de Portaz à Délémont, le digne Prévôt prétend que personne plus que lui ne s'est opposé aux sottises et aux scandales du Cantianillisme..... Chose curieuse, cette opposition, qui a valu à tant d'autres des sévérités inouies, lui aurait mérité, à lui, ses plus beaux titres honorifiques !... Quelle chance !...

Ce rôle secondaire et effacé ne convenant plus au premier dignitaire du chapitre ; c'est lui qui manipulera tout seul et servira au bon public les bourdes écloses du cerveau fêlé de Théotiste. Voyez avec quelle joie, quelle vanité puérile il nous fait connaître qu'il a été choisi par la Sainte-Vierge, pour recevoir les communications de la voyante. « C'était « le 4 mai, jour pour moi d'impérissable mémoire (!!!). Cette « tout aimable mère portait un vêtement de couleur sombre. « Cette fois elle avait un tablier. (Sans doute en signe de « respect pour l'*élu du ciel*)..... Donnez-moi la permission « de lui exprimer de tout mon cœur ma plus profonde recon- « naissance... » A ce touchant passage du rapport, M. le Prévôt est dominé par l'émotion, les larmes l'aveuglent, les sanglots l'étouffent. Ce choix, ce divin choix, pour son humilité c'est le fait dominant, le plus mémorable, le plus digne de reconnaissance. Quelle gloire incomparable ajoutée à toutes ses illustrations !

Aussi voyez comme il correspond à cette faveur. *Il croit avec une conviction si intime* que rien n'est capable d'ébranler sa foi, ni les contradictions de Théotiste, ni ses mensonges, ni ses fausses prédictions, ni les graves raisons qu'on lui oppose, ni le scandale public, etc..... Il ne vénère pas seulement, il adore les visions et tout ce qui s'y rattache. S'il rencontre la voyante, il met chapeau bas, et lui fait une profonde révérence, à la grande surprise des passants ! Il entretient dans la chambre de cette fille une lampe toujours allumée, et il se découvre avec respect quand il passe devant le sanctuaire *béni* !..... Il y envoie en pèlerinage des élèves du Petit-Séminaire, un prêtre de cet établissement, déguisé en laïque, un peintre chargé de faire le portrait de la voyante, enfin les dévotes qu'il a endoctrinées. Les pieux pèlerins vénèrent, prient et déposent quantité de médailles, de chapelets et aussi des cierges, que Théotiste leur rendra, après les avoir fait bénir à la Sainte-Vierge !!! Dernièrement, pour guérir un élève dangereusement malade, M. le Supérieur lui fit des onctions avec de l'huile prise à la lampe du sanctuaire des apparitions. Il comptait tellement sur un miracle qu'il fit la chose ostensiblement. Hélas ! son pauvre malade en mourut le lendemain !

Tel est le prêtre pieux et éclairé dont le *saint et savant* Prélat a proclamé la *haute sainteté*, ajoutant que déjà il a fait des miracles de premier ordre, et que plusieurs d'entre nous auront un jour le bonheur de vénérer ses reliques sur nos autels.

Son ami, l'abbé Boulan, dit qu'il *mérite d'être cru par tous ceux qui veulent agir conformément aux saintes règles de la sagesse (!)*. En Maurienne l'on pense tout juste le contraire. M. Albrieux nous apparaît comme l'instrument le plus impropre à accréditer des visions. Son autorité est absolument nulle en cette matière. Sa crédulité proverbiale et la foi aveugle qu'il manifeste est pour tous une raison de douter. Nous ne ferons pas à la Vierge très-prudente l'injure de lui attribuer un tel choix ; mais nous croyons que Théotiste a fait preuve de discernement en s'adressant à lui.

3° Le Patron, nous l'avons vu à l'œuvre. Pour juger du degré de confiance que mérite sa haute approbation, l'on n'a qu'à se rappeler quelques traits ayant rapport à la question.

Par un hasard singulier et aussi par le fait d'une attraction réciproque, ce personnage se vit entouré de cinq prêtres crédules à l'excès, la plupart exaltés jusqu'au fanatisme, tous livrés sans réserve à l'étude du merveilleux diabolique et divin. Il ne lui fut pas difficile d'encourager et de développer ces heureuses dispositions. Lui-même, depuis une quinzaine d'années, ne s'entretenait plus que de ces prophéties plus ou moins récentes que le Saint-Père a réprouvées dans deux allocutions prononcées en 1872. Voulant passer de la théorie à la pratique, il avait chargé les deux prêtres les plus marquants de cette brillante pléiade du soin de faire des miracles. Les essais ont été nombreux et déclarés bien réussis. Enfin, après bien des tâtonnements sans éclat, l'on aboutit au Cantianillisme, ensuite, par voie de filiation et de châtiment, au Théotisme.

Dans l'affaire lamentable du Cantianillisme, il montra tant d'aveuglement, de crédulité, d'entêtement, de passion, d'esprit de vengeance que son patronage est aujourd'hui compromettant. Au moment où il soutenait avec une rare audace que la honteuse comédie du Cloître était approuvée à Rome, que le Saint-Père avait même nommé une commis-sion pour procéder à la découverte de l'arche d'Alliance au mont Nébo, un décret du Saint-Office vint foudroyer cet odieux mensonge et flétrir l'œuvre en des termes inusités jusque-là. Pendant quarante jours il refusa de faire exécuter le décret quant à la cohabitation scandaleuse de Tho... et de Cantianille. Plus tard il contesta la valeur et jusqu'à l'authenticité du décret, et cependant il avait envoyé à Rome une députation pour en demander la révision. Cette démarche compromettante ayant échoué, il envoya Portaz, par lui recommandé et salarié, continuer à l'étranger l'œuvre impie et obscène, si sévèrement interdite à Tho.... *An-dremo al fondo !* Cela dura bien six ans. A-t-il enfin ouvert les yeux, quand le malheureux Chancelier, qui avait vécu vingt ans à la table de son Evêque et dans son intimité, jeta à la face de son protecteur la honte de son apostasie ? On ne le sait. Ce qu'il y a de certain, c'est que ce n'est qu'après l'installation de l'instrus à Délémont et sur la menace d'en référer au Saint-Siége que l'on se résigna à demander le remplacement de l'apostat dans le chapitre.

Voilà comment, depuis bientôt huit ans, ce protecteur des mauvaises causes fait la désolation de l'église de Maurienne, toujours plus obstiné, sourd aux représentations des fidèles, des prêtres et de plusieurs évêques, insensible à leur profonde affliction. Le souverain Pontife lui a demandé sa démission avec instance, et le vieillard qui professe tant de dévouement envers Pie IX, n'a pas craint de le contrister par un refus obstiné. L'on conçoit que la cour de Rome ait reculé devant l'éclat scandaleux d'un procès canonique. Mais il n'aurait pas fallu recommencer !

4° Des autres croyants, nous n'en parlerions pas, s'ils ne s'érigeaient en apôtres. Et puis il est bon d'en constater le nombre et la qualité.

M. le chanoine Magallon a fait toute la campagne du Cantianillisme avec un courage et une fidélité dignes d'une meilleure cause. Il était l'ami intime et le rival de Portaz, comme lui exalté, assidu comme lui aux séances du Cloître, comme lui aussi il faillit devenir Cardinal sous le glorieux Pontificat de *** !..... Après la découverte de l'arche d'Alliance, il devait être transporté sur un char de feu, rapide comme l'éclair, du mont Nébo à Rome, pour apporter la grande nouvelle..... etc., etc. Il crut, avec ses comparses, une foule d'extravagances de cette force.

Aux débuts de Théotiste, il eut l'air de se tenir sur ses gardes. On eut dit qu'il se ressouvenait..... Mais il ne put résister longtemps à la tentation d'examiner le fait, et son penchant naturel et acquis pour le merveilleux l'emporta sur les conseils de la prudence. Puis on fit appel à ses lumières pour la rédaction du *rapport sur l'esprit du rapport*, suivant l'expression de l'abbé Boulan et d'après son programme. Dès lors tous ses doutes et scrupules s'évanouirent pour faire place à une conviction profonde..... Hélas ! chez lui, à côté d'une belle intelligence, la fibre de la gloriole est si sensible que, en le saisissant par ce fil d'araignée, on peut le mener à l'eau, voire même au *gibet*, *le gibet de.....* la déconsidération, sans qu'il oppose résistance, sans qu'il se doute du mauvais tour.

M. Magallon n'est pas un esprit étroit ni un homme exclusif : il croit aussi aux révélations de Mlle Marie....., laquelle abhorrait Cantianille et dénigre les visions de Théotiste. Jalousie de métier, pense M. le Chanoine ; en ce bas-monde, l'on n'est pas parfait. Le moyen le plus sûr de ne pas méconnaître les bonnes révélations, c'est de croire à toutes indistinctement. Telle est la doctrine qui prévaut en haut lieu.

Donc, Mlle Marie est en rapports intimes avec la Sainte--Vierge, qui lui a rendu de signalés services et lui fait maintes confidences. Après l'avoir guérie miraculeusement, la Reine du ciel a daigné lui apprendre à broder, puis à faire la cuisine !!! En voyage, quand Marie est lasse de marcher, sa protectrice la transporte au logis, etc., etc. Historique. Jusques à quand sera-t-il permis à de stupides fanatiques d'insulter la Mère de Dieu, sous prétexte de l'honorer ?

Et M. Bonnetti, le bon M. Bonnetti. Celui-ci est un croyant de confiance et par esprit d'obéissance.. Sans faire partie de la célèbre commission du cloître, sans y regarder ni de près ni de loin, par pudeur, il se déclara fervent Cantianilliste, et combattit les bons combats. Homme-lige de M. le supérieur Albrieux, grand écuyer de M. Magallon, défenseur opiniâtre de toute la bande, il eut beaucoup à faire..... Aujourd'hui, il reprend son ancien rôle, avec la même docilité et la même bonne foi. L'expérience ne lui a rien appris.. Excellent prêtre, sincèrement pieux, bon jusqu'à la faiblesse,. on lui pardonna, et de nouveau on lui pardonne de se laisser mener en laisse.

Pour compléter exactement la courte liste des prêtres croyants, nous citerons encore deux professeurs du Petit--Séminaire. Ne les nommons pas ; ils ont pour eux l'excuse de la jeunesse et de cette exquise obséquiosité sans laquelle il est impossible de vivre en paix quelques mois durant avec le chef de l'établissement. L'un d'eux à jamais sera célèbre par certaine visite nocturne en paletot gris, chapeau calabrais et cache-nez rouge......, sous le *toit béni* ; l'on crut à une apparition nouvelle, et ce n'était que le pélerinage d'un Nicodème travesti... L'autre a fait et continue avec zèle, en faveur des *révélations*, une propagande aussi active qu'infructueuse. Hélas ! l'incrédulité a pénétré partout, même au

Petit-Séminaire *modèle!* C'est en vain qu'il a dévoilé les arcanes des visions à toute la communauté, — distribué médailles et chapelets bénits par la vierge de Théotiste, — donné carte blanche aux innocentes victimes des calamités imminentes. Ces étourdis jouissaient consciencieusement des adoucissements du dernier jour d'un condamné et se moquaient des terribles prédictions... Quels beaux jours pour les espiègles !.. Mais tout a une fin. Au 31 décembre, notre Jérémie déconfit leur adressa cette harangue paternelle : « Mes enfants, les prières « des bons ont conjuré les châtiments du ciel ; nous allons « jouir de la tranquillité. Il faut donc rentrer dans l'ordre et « se remettre au travail. Désormais je marquerai des mau- « vais points, et j'infligerai des punitions. etc. etc. »

5° Enfin viennent les croyants de la claque. C'est d'abord un pieux avocat, lequel a grand besoin de ces MM. comme ces MM. ont grand besoin d'un avocat. Grâce à Dieu, aujourd'hui comme au temps du Cantianillisme, il est tout entier à leur disposition, même à l'heure solennelle de midi.... C'est un apôtre ardent du Théotisme : ventre affamé n'a pas.... la foi difficile. Un jour qu'il allait en guerre contre de bons religieux, il a trouvé son homme. Pour croire à ces choses, lui fut il répondu, il ne faudrait être ni homme ni chrétien.... Comme il prenait du ton, on lui montra poliment la porte.

A défaut d'hommes, le sexe féminin n'a guère mieux répondu à l'appel, et c'est à peine si l'on est parvenu à gagner à la sainte cause huit ou dix fausses dévotes, déjà autrefois enrôlées aussi sous la noble bannière de Cantianille.

Donc, pas un croyant au Théotisme qui n'ait déjà été un preux chevalier du Cantianillisme, avec cette différence que la petite église se trouve réduite maintenant de la bonne moitié. Et pas une recrue, pas un nouveau renfort, malgré la publicité du rapport, malgré les prières publiques et les réunions d'ecclésiastiques et de dévotes.

L'autorité des personnages est plus qu'amoindrie par leurs antécédents. Cette fois chacun se dit : *Si cæcus cæco ducatum præstat, ambo in foveam cadunt.*

Honneur aux habitants de la Maurienne ! Malgré l'entraî-
nement des influences, ils ont fait mentir le proverbe : *Stul-
torum infinitus est numérus.*

6° Mais nous allions oublier un des vrais types de l'illu-
minisme, une célébrité flanquée de deux autres célébrités
et digne à tous égards de figurer dans cette galerie de
grands hommes :

M. l'abbé Boulan, l'intime ami et l'apologiste de Monseigneur Vibert et de M. le Prévôt, l'admirateur de la mère
Grégoire, le confident de M. Magallon, le défenseur de
Théotiste, l'associé et souvent le commensal du visionnaire
Berard, cocher à Paris…. tout autant d'intelligences d'élite
faites pour se comprendre ! Ces personnages, si divers en
apparence, s'illuminent et se complètent réciproquement.

Si vous causez avec M. Boulan, pour peu que vous abon-
diez dans son sens, il vous parlera avec admiration de son
ami Berard et de la mère Grégoire ; puis il vous prédira d'é-
pouvantables calamités, une persécution sanglante, imminente contre le clergé. C'est à douter s'il en restera la
graine. Si, elle sera conservée ; là où M. Boulan se réfugiera
par ordre du ciel, les prêtres seront épargnés…. Ce prophète
a aussi le don des miracles, et il en cite ; mais ils sont si drô-
les que nous ne pouvons les rapporter. Il raconte encore
comme quoi il exerce sur le démon un empire absolu. Par
exemple, un jour Satan lui soutira de son gousset tout son
argent. Il ne s'agissait pas de cent mille francs; mais c'est égal.
M. Boulan somma le voleur de restituer sur le champ, sinon,
il l'enchaînait au fond de l'enfer. Rien n'y fit, et ce diable
endurci fut écroué dans le cachot infernal. S'il y est, qu'il
y reste ! — Mais pourquoi le démon vous aurait-il escamoté
votre argent ? il n'en a pas besoin. — C'est pour l'usage
des Francs-maçons…. (sic)

Et c'est avec de pareils contes que M. Boulan a fait sa
réputation au cercle des *Théotistains.*

Quant à ses connaissances théologiques, en voici un échan-

tillon. « Dans les questions doctrinales, l'évêque n'est qu'un
« juge subordonné, la haute juridiction appartient au Sou-
« verain Pontife ; mais dans les questions de fait, comme si un
« miracle a eu lieu, *si une apparition est surnaturelle et*
« *céleste*, l'évêque, dans ces cas, est un *juge définitif*. Sa
« mission est *pleine* ; dès lors le droit de juger lui assure *la*
« *grâce nécessaire pour ne pas être induit en erreur…*
« Mais ce que l'évêque peut par lui-même, *il peut le*
« *faire aussi par ses délégués*, qu'il investit de sa juridic-
« tion…. Ceux qui, à Saint-Jean-de-Maurienne, ont fait le
« rapport et l'examen de la personne favorisée des appari-
« tions célestes, ont été investis de la juridiction et ont eu
« droit à *l'assistance spéciale de l'Esprit-Saint*, pour ju-
« ger à quelle source il fallait attribuer les apparitions…
« (*Annales de la Sainteté*, 60ᵉ livr., p. 467-8.) »

En signant cet article, M. Boulan ose se dire docteur en
théologie ! 1° Il confond une question doctrinale avec une
question de fait. 2° Il confère à l'évêque l'infaillibilité, soit
le droit de juger d'une manière définitive, avec *la grâce ou*
l'assistance spéciale de l'Esprit-Saint, nécessaire pour
n'être pas induit en erreur (ibid). Car, si en décidant
qu'une apparition est divine, il pouvait errer, son jugement
devant être réformé par le Pape, ne serait pas *définitif*, et
l'évêque ne serait qu'un juge *subordonné*. 3° L'infaillibilité
que le Pape lui-même ne peut déléguer, l'évêque, d'après
M. Boulan, pourrait la communiquer à ses délégués !… (1)

Il n'y a pas deux mois, Berard écrivait sous la dictée du
maître que *M. Boulan est une des plus grandes lumières de*
la théologie mystique… et que, au concile du Vatican, bon
nombre d'évêques et de cardinaux le consultaient (sic)…
Maintenant un mot de ses dignes acolytes.

---

(1) Pour plus amples informations sur les mérites divers de M. Boulan,
s'adresser à l'évêque de Montauban, et à l'archevêque de Paris. La Congrégation
du Saint-Office pourrait aussi fournir des renseignements très-édifiants.

2

La mère Grégoire est une ex-religieuse et illustre vision naire, qui court le monde, toujours chargée, dit-elle, de quelque mission auprès du Saint-Père. Elle a aussi de commissions pour certains chefs de gare francs-maçons, o voyage gratis en chemin de fer. Connue à Saint-Jean de puis les beaux jours du Cantianillisme, elle se trouvar dans cette ville, par hasard sans doute, quand M. Boular y fut appelé pour examiner Théotiste et ses visions.

Berard, dont M. Boulan fait tant d'éloges et qui le paii d'un juste retour, est un honnête cocher, doué de l'espr.i prophétique. Pourquoi pas ? Quand il conduit sa voiture, : voit et lit pour ainsi dire les événements futurs, dans les objets qui frappent sa vue, principalement sur la croupe di ses chevaux !... Dans ses lettres, il se vante d'avoir *la science infuse de connaître l'avenir et il se charge de résoudre* sur le champ n'importe *quelle difficulté en matière de théologie !...*

Dernièrement un évêque de la Savoie, dans un magnifique mandement, eut le malheur de toucher à la question des prophéties de manière à mécontenter M. Boulan. Vite Berard écrivit à l'imprudent Prélat, pour lui reprocher d'ignorer la théologie et le sommer de rétracter ses erreurs, à défaut de quoi, lui, Berard, publierait sa lettre d'avertissement dans les journaux.....

Quel appui pour Théotiste et ses partisans que l'autorité de Berard, de la mère Grégoire et de M. Boulan !

II.

LE RAPPORT.

Notre intention n'est pas de suivre pas à pas l'honorable rapporteur dans son exposé ; il y aurait trop à dire. Nous nous contenterons des observations les plus importantes.

Avant tout, dès la première ligne, le rapporteur proteste qu'il *n'entend pas préjuger la question soumise à l'examen de la commission,* et qui, fort heureusement, n'est pas de sa compétence ; et *après tout*, au dernier alinéa, il finit en protestant contre tout soupçon de supercherie. C'est l'alpha et l'omega de la pièce, la clef des petits mystères d'habileté que nous allons examiner : *Excusatio non petita, fit accusatio.* Ces protestations ont coulé de la plume sans qu'on en ait remarqué l'imprudence, tant elles étaient logiques, naturelles, nécessaires. Elles répondent également et aux craintes plus que fondées de l'auteur et à la première pensée que font naître les pages du rapport dans l'esprit du lecteur. Donc attention : *Nous n'avons pas la prétention*, dit le rapporteur, *de vous imposer notre croyance, et nous repoussons avec indignation tout soupçon de supercherie.*

Voyons si, pour avoir la vérité, il ne faudrait pas prendre le contre-pied de ces deux assertions.

1° En tête du rapport, nous lisons qu'il a été fait par ordre de Monseigneur, et soumis à la commission par lui établie. Dans maints passages de son exposé, le rapporteur parle des membres de la commission , à laquelle il est censé s'adresser. Or voici l'histoire de cette célèbre commission.

Monseigneur a en effet nommé une commission composée de trois membres : M. le chanoine Albrieux, supérieur du Petit-Séminaire, Prévôt du chapitre, etc. etc. Le révérend *Père* Hilaire, supérieur des révérends Pères Dominicains et M. le chanoine Bellet, curé de la cathédrale. Dès les premières ouvertures qui lui en furent faites, ce dernier refusa nettement, malgré de vives instances, de faire partie de la commission. De plus, il écrivit à Monseigneur pour résumer les raisons de son refus, et le détourner de donner tant d'importance aux rêveries d'une pauvre hallucinée. Et d'une.

Le révérend Père Hilaire, qui n'était pas au courant de cette affaire comme M. le Curé, crut devoir faire preuve de

bonne volonté en obtempérant à la convocation faite par
Monseigneur. Mais, dès qu'il eut entendu l'exposé fait par
Monsieur Albrieux, et l'interrogatoire de Théotiste,
qu'on avait fait comparaître, il déclara que tout cela manquait absolument de preuves et de vraisemblance, et il refusa, non-seulement de rédiger le rapport, comme on voulait l'en charger, mais encore de faire partie de la commission. Et de deux.

Ainsi donc, dès la première et unique séance, qui eut
lieu le 27 juin dernier, la célèbre commission nommée et
présidée par Monseigneur, se trouva réduite à un seul mem-
bre, M. Albrieux. Ce qui n'empêcha pas la dite commission
de fonctionner avec régularité, et dès lors tout alla pour le
mieux. M. Albrieux s'empressa de rédiger son rapport, se
réunit fréquemment en commission, toujours au grand complet, examina et discuta tous les détails du rapport avec la
commission, c'est-à-dire avec lui-même, de manière à pouvoir
*donner, sous le regard de Dieu, un avis éclairé et soli-
dement motivé* (p. 2) ; *s'abstenant toutefois, selon sa re-
commandation, de toute discussion, qui n'était pas
nécessaire pour la constatation de ce miséricordieux
événement.* (P. 11).

La commission ainsi édifiée, vota à l'unanimité l'adoption
du rapport, avec force *laudes* pour le rapporteur, et, vers la
fin de juillet, Monseigneur put réunir MM. les chanoines
et MM. les archiprêtres, et leur faire donner lecture du rapport Albrieux-Commission, non pour *les consulter* comme
il les en avertit, mais *pour les instruire de ces révélations
divines.*

Cela paraît incroyable et cependant c'est exactement vrai.
Voilà comment en Maurienne on ose se moquer des prêtres
et du public. Comprenez-vous maintenant pourquoi le rapporteur proteste d'avance contre tout soupçon de supercherie ?

Vainement nous cherchons l'ombre d'une commission dans les trois réunions de chanoines et d'archiprêtres, qui, après le *fiasco* de la séance du 27 juin, eurent lieu le 13, le 27 et le 30 juillet. Car, 1° en appelant auprès de lui ces honorables écclésiastiques, Monseigneur ne les a nullement avertis qu'ils faisaient partie de la commission d'examen et que sur eux pèserait la responsabilité de la décision qui serait prise. Il leur a même déclaré, au début de la 3° séance, qu'il les avait réunis, non pour les consulter, mais pour les instruire de ces révélations. 2° On ne fit comparaître Théodiste devant aucune de ces trois assemblées. De sorte que M. le Prévôt seul, ayant entendu la voyante, pouvait donner son avis avec connaissance de cause ; les autres prêtres présents devaient donc s'en rapporter au jugement peu sûr de M. Albrieux. 3° On ne discuta ni le fait des apparitions, ni l'objet des révélations, ni les preuves. Après une courte allocution sur la gravité des circonstances, Monseigneur donna la parole au Rapporteur. M. le Prévôt, une première fois, fit son exposé de mémoire, sans consulter ses notes. Aux deux autres assemblées, il lut son rapport écrit, qui diffère notablement de son exposé verbal et du rapport imprimé. 4° Les quelques prêtres qui ont osé, pour l'acquit de leur conscience, formuler respectueusement une objection, se sont attiré de vertes réprimandes et même des insultes. Nous en citerons un exemple ci-après. 5° Aucun des prêtres présents n'a donné un avis favorable au rapport. Condamnés au silence par des intimidations pendant la séance, ils se sont retirés en s'efforçant de contenir leur indignation affligée. Leur première pensée fut d'en référer à la cour de Rome. Cette décision a été prise au sortir de la séance du 30 juillet.

Rien donc en tout cela qui ressemble le moins du monde à une assemblée délibérante, à une commission, à un examen, à une discussion des faits, tels que les suppose le rapport avec autant d'effronterie que de mauvaise foi. Non-seulement on n'a pas recherché la lumière, mais on a repoussé les conseils du bon sens avec une obstination préméditée et une égale impolitesse. A la violation flagrante des prescriptions du Concile de Trente sur ce point, fallait-il joindre une hypocrite fourberie ? L'on réunit un conseil *de théologiens et d'hommes pieux*, mais c'est pour leur imposer la foi aux révélations de Théotiste. Loin de demander leur avis, on leur ferme la bouche de manière à couper court à toute discussion. Puis on en parle comme d'une vraie commission, qui a tout examiné, discuté et approuvé !!!

Outre les prêtres qui ont assisté à ces réunions, le rapport lui-même témoigne de la vérité de nos appréciations.

En effet, au lieu d'élaguer avec soin de la rédaction tout ce qui pouvait influencer l'avis de la commission et gêner la liberté d'examen, l'honorable Rapporteur, déjà trop bien recommandé par ses cheveux blancs, ses grands airs de sainteté, ses habitudes d'omnipotence, la confiance de son évêque, ses titres et ses dignités, qu'il énumère avec emphase....., le Rapporteur, disons-nous, débute en déclarant solennellement qu'il *croit avec une intime conviction à la vérité de ce fait divin. Mais*, ajoute-t-il, *nous n'avons pas la prétention d'imposer à qui que ce soit notre croyance.* La prétention serait exorbitante, et l'on peut s'en défendre sans faire acte d'humilité. Mais alors pourquoi cette profession de foi, dont le seul résultat était de gêner la liberté des discussions ?...

Il y en a 14 pages sur ce ton pédagogique, avec ces prétentions mal déguisées. Ce sont de continuelles protestations de foi, de gratitudes, de vénération, un vrai culte rendu aux apparitions, préalablement à toute décision. On dirait que M. le Prévôt n'a qu'un souci, celui de bien faire comprendre qu'il serait téméraire de révoquer en doute le fait de ces visions, et qu'on ne le pourrait sans le blesser dans ses plus intimes convictions. C'est le croyant qui adore, l'avocat qui plaide, le docteur qui enseigne ; nullement le rapporteur impartial qui sollicite l'avis d'une commission.

Ce qui est plus fort, c'est que M. Albrieux va jusqu'à dire (P. 9.) *qu'il tient en réserve d'autres preuves de sa grave thèse pour le cas où il y aurait discussion.* En présence de l'Evêque, et avec son approbation tacite, n'est-ce pas une manière adroite de fermer la bouche aux membres de la commission ? C'eut été plus simple de leur dire : Tout a été examiné et la chose est si évidente que vous serez assez raisonnables pour vous abstenir de toute discussion. Plus loin, du reste, (P. 11) il leur en donne le conseil sans plus de façon, avec une restriction qui n'est là que pour la forme.

M. le chanoine Bellet, s'étant permis, malgré ces recommandations, de repousser comme fausses les accusations odieuses portées contre le Clergé, fut accusé d'être lui-même un de ces mauvais prêtres visés par les révélations. Se voyant indignement insulté, il salua et voulut se retirer. Monseigneur se contenta de lui intimer l'ordre de demeurer, sans désapprouver le grossier insulteur. Plus tard il osa même engager M. Bellet à faire des excuses au Rapporteur, qu'il avait ainsi publiquement outragé ! ..

Il est donc prouvé par le texte du rapport et par les faits qu'on en voulait ni discussion ni examen, que ces réunions n'ont été convoquées que pour faire croire que les formes canoniques on été observées et que le rapport a été approuvé par une commission. Comment qualifier un pareil procédé ?

2° Vingt-deux apparitions de la Sainte-Vierge pour livrer au mépris public un diocèse qui lui *est si cher,* c'est beaucoup trop d'apparitions et pas assez de charité. Leur multiplicité, d'après saint François-de-Sales, est à elle seule une preuve de fausseté, d'autant plus que quelques-unes de celles-ci ne sont que de ces faveurs extraordinaires, rarement accordées aux plus grands saints. Le spectacle de la Crèche, par exemple, n'a aucun rapport avec la prétendue mission de la voyante.

Les descriptions de la Vierge n'ont pas le mérite de la nouveauté. Son costume parsemé de fleurs, son crucifix sur la poitrine, sa tenue, ses larmes, ses paroles, les secrets...., ne sont que des réminiscences de l'apparition de la Salette.

Hâtons-nous de dire, à la décharge de Théotiste, que ses accusations, transmises par M. le Prévôt, nous les connaissions depuis longtemps. Ce grand redresseur des travers du clergé ne se gênait pas, surtout depuis sept ou huit ans, pour déclamer contre les désordres imaginaires de ses bien-aimés con-frères.

Il apostrophait quelquefois les élèves du Petit-Séminaire, en leur disant : *Il y a bien assez de mauvais prêtres dans le diocèse ; n'allez pas en augmenter le nombre (!!!)* Quand il les envoyait en vacances, il ne manquait pas de les prémunir contre les scandales de leurs pasteurs, c'est-à-dire leur insubordination et leur peu de charité. Dans un sermon prêché à la Cathédrale en 1874, il s'est résumé en exposant que ce sont les péchés des prêtres, des religieux et des religieuses qui attirent les châtiments de Dieu !!!

Le malheureux Portaz rivalisait avec M. Albrieux et faisait entendre les mêmes déclamations contre le Clergé. A dire vrai, celui-ci n'avait pas d'autre moyen de mettre en relief son éminente sainteté, alors proclamée en haut lieu, surtout pendant qu'il faisait son tour de France avec Cantianille.

Monseigneur, qui jusqu'en 1867 ne tarissait pas en éloges sur la régularité de ses prêtres, depuis cette fatale date leur prodigua les reproches les plus injurieux, reproches de haine, d'ambition, de révolte, de schisme.... Plusieurs furent traités de mauvais prêtres, de misérables et dénoncés comme tels à leurs confrères. Quelques-uns même étaient affiliés aux sociétés secrètes et accusés de projets infernaux. Un grand nombre ne croyait plus au surnaturel....

Telles étaient les accusations que Cantianille avait accréditées dans la secte. Elles diffèrent peu de celles de Théotiste, expliquées et complétées par Boulan dans les annales de la Sainteté. Ce qui nous indigne, c'est qu'en rééditant les calomnies de la voyante du Cloître, l'on ait osé les couvrir sacrilégement de l'autorité de la Sainte-Vierge.

La conclusion logique de tout cela, c'est la justification de nos illuminés et la condamnation de leurs adversaires. Sont coupables des méfaits énoncés plus haut, mais à divers degrés, les cent vingt prêtres qui ont protesté contre le scandale du Cloître et contre la continuation de l'œuvre de Tho... par Portaz, malgré le décret du Saint-Office et sous la haute protection de leurs comparses ; toujours plus coupables ces cent vingt prêtres, qui, depuis sept ans, continuent de protester par leur attitude contre un refus obstiné de réparer le scandale et contre des persécutions iniques. 120 prêtres sur 130, c'est le *clergé, ce clergé qui ne cesse de se souiller de grands crimes depuis quelques années,* d'après le rapport (p. 2). Parmi eux sont des scélérats *perdus sans ressources ; inutile de prier pour eux!*

Ce but des révélations, le seul vrai, est à peine voilé dans le rapport ; et, en le lisant, chacun se dit : C'est pour se justifier qu'ils patronnent ces rêveries. D'abord, il n'y a jamais eu dans lo diocèse d'autros divisions quo collos issuos du Cantianillisme. Il est donc évident que les révélations visent ce funeste résultat d'une extravagance désastreuse. Les propos scandaleux que Théotiste attribue à des prêtres (p. **8**), ne peuvent avoir que cette signification. A la page 13, il est parlé des âmes qui, *depuis sept ans,* souffrent en purgatoire pour les mauvais exemples que les prêtres leur ont donnés. Dans le rapport manuscrit, qui a été lu aux réunions de Juillet à l'Évêché, il était dit jusqu'à deux fois que les grands péchés du clergé remontaient à *sept ans.* Ce chiffre trop précis pour n'être pas compromettant a été remplacé par ces mots plus élastiques : *depuis quelques années* (p. 2 et p. 8). Pourquoi cette correction du texte sacré d'une révélation ? Serait-ce parce que la Vierge de Théotiste n'aurait pas prononcé ces mots, ou parce qu'ils indiquaient trop clairement le but, qui est de montrer combien le clergé est coupable d'avoir combattu le Cantianillisme ? En tous cas, si la corruption du clergé est l'œuvre du Cantianillisme, sur qui faut-il en faire peser la responsabilité, sur ceux qui ont combattu cette monstruosité, ou sur ceux qui l'ont pétrie de leurs mains ineptes et coupables ?

3° « Et pour que l'honorable commission comprenne que
» rien jusqu'ici n'a été fait avec précipitation, je dois dire, et
» j'en demande la permission à Monseigneur, que plusieurs
» fois la divine Vierge s'est plainte de la lenteur avec la-
» quelle ses ordres étaient exécutés.... Elle dit.... que, dès
» qu'on ne voulait pas ajouter foi à ses paroles, au mois de
» Décembre nous verrions dresser le gibet.... (p. 10 et 11). »

C'est raide ! Ce qui nous étonne d'abord, c'est que la Sainte Vierge emploie la menace du gibet pour produire la conviction et conduire à la foi, sans fournir aucune preuve ; c'est que, pour faire exécuter ses ordres, elle fasse appel à la peur, toujours mauvaise conseillère, source inévitable de trouble et de précipitation. Dieu a d'autres moyens, plus dignes de lui et de ses enfants : le miracle et la grâce. Il est inouï que, pour éclairer et convaincre, il ait eu recours à l'intimidation.

La vierge de Théotiste nous paraît aussi quelque peu capricieuse. Elle laisse la voyante dormir tranquillement sur ses révélations pendant plus de huit mois, et quand M. Albrieux, qui n'a rien vu et qui n'a rien entendu, si ce n'est Théotiste, veut prendre un tout petit mois pour examiner, elle est de mauvaise humeur, elle menace du gibet ! Mais pourquoi a-t-elle attendu depuis le mois d'Août jusqu'au 4 Mai, *jour à jamais mémorable*, avant d'envoyer Théotiste au Révérend Prévôt ? — Caprice de femme !

Dès lors tout se fait au pas de course. Point d'enquête. A quoi bon, étant donné que c'est la Sainte-Vierge qui parle ?

L'on ne consulte ni la mère de Théotiste, ni ses autres parents, ni le Curé de sa paroisse, ni ses anciens co-domestiques du Petit-Séminaire. Est-ce incurie, est-ce calcul, est-ce par crainte du gibet ? Nous l'ignorons. Ce qui est bien certain, c'est que ces divers témoignages n'étaient pas favorables à la voyante, c'est qu'on les a rejetés avec indignation, quand ils ont eu l'audace de se produire sans être demandés.

La série des apparitions n'avait pas encore fini de défiler devant Théotiste que déjà M. Albrieux-commission prêchait *le fait divin* aux chanoines réunis et dans les conciliabules de dévotes. Le 27 Juillet, trois jours après la dernière vision, le rapport était rédigé, examiné, discuté, revu et corrigé, tel qu'il nous a été envoyé. Le 5 Août, Monseigneur en ordonne l'impression et l'envoie à tous les prêtres du diocèse.

Voilà une affaire expédiée avec une promptitude à laquelle nous ne sommes pas habitués dans le diocèse modèle. Et pourtant la vierge de Théotiste n'était pas contente. Dès le 1ᵉʳ juin, *elle se plaignait de la lenteur avec laquelle on exécutait ses ordres et menaçait du gibet*, si l'on ne se hâtait pas de *croire* et de diffamer le clergé. L'on dirait qu'elle craignait qu'un retard ne fit manquer le coup. Evidemment cette prétendue vierge n'est pas la Vierge de la Salette et de Lourdes. Celle-ci, la vraie Vierge, n'a fait entendre ni plaintes, ni menaces, malgré la lenteur d'un examen minutieux, qui a duré plusieurs années. Voyez plutôt :

Les événements de la Salette et de Lourdes furent glorifiés dès le principe par des sources miraculeuses, par des guérisons naturellement inexplicables, surtout par cette commotion extraordinaire de l'Esprit-Saint, qui entraîne des masses de pèlerins sur les lieux des apparitions, en répand la dévotion et convertit les pécheurs. Malgré ces prodiges, dont nous ne voyons pas trace à propos de l'affaire étrange qui nous occupe, malgré ces preuves éclatantes, NN. SS. les Evêques de Grenoble et de Tarbes prennent toutes les précautions de prudence et de sage lenteur que l'Eglise prescrit. Ils envoient des mandataires sur les lieux, nomment des commissions qui examinent scrupuleusement les faits, soumettent à de nombreux interrogatoires les enfants favorisés des dites apparitions, font procéder à diverses enquêtes, entendent et confrontent les rapports, réunissent les procès-verbaux des guérisons. Ce n'est qu'au bout de *cinq ans* d'examen et après la constatation canonique d'un grand nombre de miracles que Mgr de Bruillard, pleinement convaincu, proclame la vérité de l'apparition de la Sainte-Vierge à la Saletet. L'Evêque de Tarbes employa *quatre ans* à réunir les éléments nécessaires pour une pareille décision. Outre les formalités indiquées plus haut, il prit des précautions qu'on ne saurait trop louer. Se défiant des premiers mouvements de l'enthousiasme, il défendit d'abord au clergé de se rendre à la grotte et d'entretenir les fidèles de cette apparition. Puis il retarda de plusieurs mois les enquêtes, voulant laisser à l'événement le temps de se révéler avec son caractère divin par la preuve irrécusable du miracle.

Si ces règles si sages avaient été suivies dans l'affaire qui nous occupe, l'on se serait épargné, outre l'humiliation d'une lourde méprise, la responsabilité bien autrement grave des scandales qui en résultent.

M. Albrieux le comprend; il prévoit et prévient le reproche de précipitation impardonnable et de haute imprudence. Pour se justifier, il allègue une excuse, qui n'est qu'une pauvre sottise tirée d'un cercle vicieux. Il invoque le témoignage de la Sainte-Vierge, ses plaintes, ses menaces (p. 10 et 11). Mais il oublie de prouver que c'est bien la Sainte-Vierge qui a parlé.

4. Que dirons-nous de l'approbation apposée par l'Évêque de Maurienne à la fin du rapport? Il déclare d'abord qu'il *n'est pas encore à même de porter, d'une manière définitive, un jugement sur l'objet du rapport.* Faudrait-il en-

tendre ces paroles suivant la doctrine de l'ami Boulan, exposée plus haut ; de telle sorte que Monseigneur se reconnaîtrait le droit de prononcer d'*une manière définitive* et sans appel que ces révélations viennent de la Sainte-Vierge? En cette matière le Pape seul peut juger d'*une manière définitive* et en dernier ressort. Il peut même se faire qu'il ait à infirmer le jugement d'un évêque, comme cela est arrivé naguère pour la triste affaire du cloître. Mais si Sa Grandeur *n'est pas à même de porter un jugement,* c'est que le fait des apparitions demeure douteux, faute de preuves, et malgré *la conviction intime du Rapporteur.* Alors, comment se fait-il que Monseigneur y croie lui aussi *avec une intime conviction,* comme le prouvent ses paroles, ses actes et la relation envoyée à Rome par son ordre? La crainte du gibet y serait-elle pour quelque chose? Quoi qu'il en soit, le *saint et savant* Prélat, *sans être à même d'en juger,* ordonne la publication du rapport, contrairement au décret du Concile de Trente, qui défend d'admettre, et, à plus forte raison, de publier les faits miraculeux, avant que leur caractère divin ait été reconnu et approuvé par l'évêque assisté d'un conseil de théologiens et d'hommes pieux. De sorte que c'est le gardien-né des lois de l'Eglise qui ordonne de les violer ! — Mais, Monseigneur, il ne s'agit pas ici d'un simple fait surnaturel et cette publication implique la diffamation de votre clergé et de tout le clergé de la Savoie ! — N'importe, nous *savons que le temps est court ; il y a urgence* (p. 11).....
A raison de l'utilité du but, nous ordonnons que l'on fasse l'envoi d'une copie du dit rapport à chacun des prêtres de notre diocèse (p. 14). — Mais, si ces révélations sont fausses, suivant toute apparence, vous aurez diffamé un millier de prêtres?... — *Entre deux maux, il faut choisir le moindre..... Que les apparitions soient vraies ou fausses, il faut en tirer profit ; elles feront beaucoup de bien.....* (réunion du 30 juillet) !!!

Tout cela revient à dire : Commençons par publier les révélations de Théotiste ; nous aurons ensuite tout le temps d'examiner si elles sont vraies ou fausses, et si les outrageantes accusations portées contre le clergé ne sont que de noires calomnies..... Que dirait-on d'un tribunal qui commencerait par faire mettre à mort le prévenu, se réservant d'examiner ensuite s'il est réellement coupable du crime dont il est accusé ?

A raison de l'utilité du but..... C'est exactement comme si l'on disait : A raison de l'*utilité* des comices agricoles ou des chemins de fer..... Et cependant il s'agit de *la fin si sainte des apparitions, du salut des prêtres et des fidèles* (p. 9 et 11). Mais, nous l'avons vu, il y a un autre but, le vrai but, qui montre l'oreille à chaque page du rapport. Si les accusations calomnieuses et diffamatoires de Théotiste ont été recueillies avec tant d'empressement, sans examen et sans preuve, c'est bien *à raison de leur utilité*. Ces prétendues révélations flétrissent l'attitude des 120 prêtres qui, d'accords avec les décrets de la cour de Rome, n'ont cessé de réclamer la cessation, puis la réparation d'un grand scandale ; elles glorifient le parti cantianelliste dans la personne de ses deux principaux représentants ; et voilà une chose éminemment *utile !* Le texte primitif des révélations décelait trop crûment cette *utilité du but* ; vite, des coups de ciseaux retranchent les indiscrétions de la Vierge. Pour triompher de certaines répugnances, l'on fait appel à la terreur et dès lors tout se fait avec une précipitation et une témérité inqualifiables. Si l'on fait semblant d'observer les règles canoniques, ce n'est qu'afin de pouvoir les violer impunément : pas de commission, point d'enquête ni d'examen contrôlé ; l'on repousse les bons conseils et les renseignements. Par le fait, *l'on n'est pas à même de juger* si ces révélations ne sont pas d'horribles calomnies ; c'est pourquoi on *ordonne* de les publier ! Mais le clergé, blessé

dans sa foi et dans son honneur, en réfère au Saint-Siége.
Voici avec quelle loyauté les croyants font l'apologie de
leur conduite dans une relation adressée à Sa Sainteté le
pape Pie IX.

« Remarquons encore que, du côté des examinateurs
« (lesquels ?) rien n'a été négligé pour ne pas être dupe (!)
« et ne pas duper volontairement. Il y a eu mission légitime,
« étude sérieuse des principes (!), observation attentive
« des faits (!!), contrôle scrupuleux (!!!), interrogatoires mul-
« tipliés et contradictoirement posés, conseils pris auprès
« des personnes autorisées dans la science mystique (Bou-
« lan, Berard et la mère Grégoire !), prières incessantes et
« nombreuses et enfin rapport fidèle (!) et intégral à Monsei-
« gneur, qui... a déclaré reconnaître le caractère céleste
« de la mission de la voyante (*sans être encore à même*
« *d'en juger....*). »

M. Boulan, à qui nous devons cet extrait, dit que cette
relation est *un vrai chef-d'œuvre*... Déjà, en 1867, l'on
avait envoyé au Saint-Père un chef-d'œuvre de M. Magallon, où était démontrée la mission divine de Cantianille. Le
cardinal Antonelli appelait cela un brillant tissu de sottises !

III

Y A-T-IL DES PREUVES EN FAVEUR DES VISIONS DE THÉOTISTE ?

Le surnaturel existe : mais tout ce qui se prétend surnaturel ne l'est pas. Voilà pourquoi, avons-nous déjà remarqué,
l'Ecriture sainte multiplie les avertissements contre des illusions et des supercheries malheureusement trop fréquentes.
Oui, Dieu, l'Eglise et la raison nous disent de ne croire aux
faits surnaturels qu'autant que leur caractère divin est établi
d'une manière irréfragable.

Or, aux prétendues révélations de Théotiste, les preuves font absolument défaut. Pour s'en convaincre, il suffit de lire attentivement le rapport.

D'abord le témoignage de la voyante et de ses patrons est de nulle valeur, nous l'avons vu. Quelle confiance, en effet, peut mériter une fille qui appartient à une race d'illuminés, pour ne rien dire de plus, à qui le mensonge est d'un usage familier, dont les contradictions se mutiplient, dont les antécédents sont loin d'être recommandables, et qui maintenant encore ne se distingue que par la vanité de sa mise, par des prétentions orgueilleuses et par une piété toute d'ostentation?

Quant à ses protecteurs, qui a pu oublier la conviction intime et belliqueuse avec laquelle ils ont cru aux *absurda contra fidem* du livre de Tho..., aux *experimenta impia, incauta, inhonesta* de Cantianille ? (Décret de la cong. du Saint-Office). Qui a pu oublier leur courroux, leurs dénonciations, leurs sévérités, leurs persécutions contre les prêtres coupables d'avoir travaillé à les désillusionner ? Qui a pu oublier leur fol entêtement à continuer une œuvre flétrie par le bon sens public autant que par les décrets de la cour de Rome ?....

Restent les prétendues preuves du rapport. Il semble inutile d'en entreprendre la réfutation, tant elles sont puériles. Mais il est des gens qui prennent au sérieux des affirmations niaises.

Le rapport cite gravement le témoignage de Mlle Albertine Sambuis, laquelle aurait *aperçu quatre fois une partie de ces merveilleuses manifestations. 1re merveille : trois fois elle a entendu un bruit semblable à celui d'un globe, que l'on agite sur son socle... 2e merveille : deux fois elle vit la chambre éclatante de lumière... 3e merveille : une fois elle entendit bien distinctement les paroles de Théotiste, sans les comprendre.. 4e merveille : une autre fois elle vit le lit de la servante tout illuminé* (p. 6 et 7). Et voilà comment M. le Prévôt établit que Mlle Sambuis a bien réellement

aperçu quatre fois une partie des merveilleuses manifes-
tations de la Sainte-Vierge. Si le reste de ces *merveilleuses*
manifestations n'est pas plus *merveilleux,* Théotiste et ces
MM. sont faciles à contenter. Quand deux personnes couchent
dans la même chambre, il n'est pas rare que l'une d'elles, à
moitié plongée dans une douce extase, aperçoive l'éclat d'une
lumière, ou entende le bruit d'un vase que l'on remue, voire
même des paroles inintelligibles prononcées dans un rêve. Est-
il étonnant qu'une jeune somnambule, encore *enfant à l'âge*
de dix-sept ans bien sonnés (p. 7), exaltée par des récits quo-
tidiens de visions, se réveillant en sursaut, ait pris tout cela
pour des signes de la présence de la Sainte-Vierge ? Supposons que ce bruit, cette lumière aient eu réellement quelque
chose d'insolite, y a-t-il rien là qui surpasse la puissance diabolique ou seulement les ressources de la supercherie ?

Tel est l'unique témoignage en faveur des racontages de
Théotiste : ce témoin a vu et n'a rien vu, a entendu et n'a
rien entendu, rien qui fasse preuve. C'est une niaiserie.

« De plus, des secrets importants ont été confiés à deux
« personnes, dont l'une est Monseigneur notre évêque ; leur
« réalisation sera une *preuve irréfragable de la vérité* de
« ce que nous venons de dire. » (P. 9).

Nos Théotistains comptent beaucoup sur ce motif de crédi-
bilité d'un nouveau genre et dont tout le mérite est d'échapper à l'examen. Obligés de convenir qu'ils n'ont point d'autres preuves, il ne manquent jamais de clore la discussion en
se retranchant derrière *la preuve irréfragable des secrets.*
Comment ne comprennent-ils pas le ridicule d'une pareille ar-
gumentation ? D'abord, c'est la réalisation du secret qui four-
nira la *preuve irréfragable* de la vérité des apparitions ; or
les secrets ne se sont pas encore réalisés ; donc, pour le moment, la preuve n'existe pas ; donc, ils croient et prétendent
imposer leur foi aveugle pour des preuves qui sont à venir !..
Est-ce assez absurde ? Supposons que plus tard ces MM.

viennent nous dire que les secrets se sont vérifiés ; où sera la garantie que les événements accomplis n'ont pu être prévus ni par l'homme ni par le démon, ou que même ils ont été réellement annoncés d'avance avec précision ?....

Allons, MM., convenez que ce genre de preuves serait très-commode pour les imposteurs, et qu'il ouvrirait la porte à toutes les fourberies. Rappelez-vous le triste usage que déjà vous en avez fait dans l'affaire du Cantianillisme. Vos secrets alors, ces divins secrets, que vous donniez aussi comme des *preuves irréfragables,* connues de vous seuls, c'étaient des jongleries, nous ne dirons pas indignes de Dieu, mais indignes d'un sectaire qui se respecte : *Experimenta impia, incauta, inhonesta....* Nous les connaissons ces prodiges ridicules, obscènes, impies de la pythonisse ; ne nous obligez pas à les dévoiler. Oseriez-vous nous dire où ce démon incarné faisait chercher et arracher de force les pactes diaboliques?.... Vos nouveaux secrets seraient-ils de même nature, ou, est-ce simplement un mystère inavouable de calomnies révoltantes, à l'instar des secrets de la Salette expliqués par M. Boulan.

Franchement, en fait de preuves, nous n'avons jamais rien lu de plus pauvre. Et pourtant l'honorable Rapporteur croit sa thèse si bien établie qu'il omet, pour abréger, dit-il, *beaucoup de détails très-intéressants, vu qu'ils n'arriveraient que comme preuves de la vérité de son récit. Il les réserve pour le cas où il y aurait discussion,* (p. 9.), tant il est convaincu qu'on le croira sur parole, suivant le conseil de son compère Boulan (Annales de la Sainteté, 59e livr., p. 385).

Le clergé de la Maurienne n'a pas été de cet avis. Il estime que croire sans preuves n'est qu'une sotte crédulité ; qu'en matière religieuse, cela s'appelle superstition, et que dans le cas présent, cette superstition n'est point une légère peccadille. En effet, les théologiens et les canonistes les moins sévères enseignent qu'il y *a péché, péché grave, très grave, contre la piété et la charité,* c'est-à-dire *contre Dieu et les âmes,* à propager de fausses révélations et de faux miracles ; péché que nulle pieuse intention ne peut excuser : *Peccatum maximum, contra pietatem et charitatem, quod nullâ piâ intentione excusari potest.* »

« Jouer le rôle de faux prophète, dit un savant jésuite,
« est un des crimes les plus épouvantables qui se puissent
« imaginer. C'est s'arroger un attribut divin, ce qui est un
« horrible blasphème. C'est tromper la bonne foi des meil-
« leures âmes dans des choses très-importantes, ce qui est
« un mensonge des plus pernicieux. C'est jeter le discrédit
« sur les prophéties les plus divines, ce qui est préparer l'af-
« faiblissement et la perte de la foi pour des cœurs peu
« fermes.... Inutile d'ajouter que ceux qui propagent les
« fausses prophéties, par transcription, etc, participent au
« péché des faux prophètes. Il n'y a pas de théologien tant
« soit peu instruit qui ne convienne de ces principes. »

Ces funestes conséquences ne se produisent déjà que trop dans notre malheureux diocèse. Beaucoup de gens ignorants ou mal intentionnés se moquent des apparitions de la Salette et de Lourdes, de tous les miracles anciens et nouveaux. Ils disent que c'est le fruit de la supercherie de quelques imposteurs et de la superstition des peuples ; que les choses se sont exactement passées comme au milieu de nous ; qu'après quelques contestations sur le théâtre des événements, où l'imposture était manifeste, la décision de l'autorité locale finit toujours par prévaloir ; que le Saint-Père est placé trop loin pour ne pas être trompé par un évêque d'accord avec ses hauts dignitaires ; qu'il en est réduit à ne pas les déjuger, et qu'ainsi, au bout de vingt-cinq ou cinquante ans, leur cause est gagnée : *ab uno disce omnes.*

Quelque fausses que soient ces déductions, elles se répandent et s'accréditent. Le clergé n'a pas même la liberté de les réfuter du haut de la chaire. Les RR. PP. Dominicains de Saint-Jean sont tombés en disgrâce pour avoir donné à ce sujet un avis courageux, indispensable, dans une réunion du tiers-ordre de Saint-Dominique. Deux curés qui se sont crus obligés de prémunir leurs paroissiens, ont été dénoncés et mandés auprès de l'évêque pour recevoir une longue et sévère admonestation. Plusieurs se taisent afin de ne pas s'attirer des désagréments, laissant aux supérieurs toute la responsabilité. Eh bien ! nous ne craignons pas de le dire, se laisser intimider dans le cas présent, c'est manquer à un grave devoir. A qui donc appartient-il de défendre la foi, de combattre la superstition des uns, l'impiété des autres, de venger l'honneur du sacerdoce ?...

Vous espérez une décision de Rome ; mais faut-il laisser périr les âmes, en attendant un remède plus efficace ? Vous dites que nos illuminés sont dans la bonne foi : qu'importe, si leur illusion détruit la religion dans les cœurs, et renverse votre autorité par des calomnies diffamatoires ? Et puis, est-ce que le dépit d'une récente humiliation, le désir impénitent de se justifier en outrageant le clergé, l'envie de prendre une revanche et de s'illustrer à jamais, la crédulité téméraire, qui néglige à dessein les précautions les plus élémentaires contre le danger d'une erreur des plus pernicieuses, une obstination qui repousse la lumière des bons conseils, qui ne fait aucun cas des avertissements donnés collectivement par trois évêques, qui est insensible à l'affliction du clergé et de la masse des fidèles ; ... est-ce que tout cela constitue la bonne foi ? Non, non, jeter ainsi en pâture à la crédulité et à l'incrédulité des révélations sans preuves, des calomnies révoltantes, qui avilissent le clergé et déshonorent la religion, les faire publier et accréditer en France par un odieux comparse qui se dit docteur en théologie, lui laisser dénaturer par d'absurdes commentaires des révélations déjà bien assez ridicules ; lui laisser aggraver encore ces indignes

› calomnies par d'infâmes insinuations dans une publication
[pieuse, sans réclamer de lui aucune rectification..... ; non,
› ce n'est pas le fait d'une simple illusion ; c'est une œuvre
[inqualifiable, qui ne peut avoir pour excuse qu'un déran-
[gement intellectuel, et que tout prêtre doit combattre, afin
› de sauvegarder l'honneur du sacerdoce, l'intérêt de la foi et
: le bien des âmes.

IV

LES RÉVÉLATIONS DE THÉOTISTE SONT ÉVIDEMMENT FAUSSES

1° Ce n'est pas sans regret que nous avons constaté
l'absence de toute preuve en faveur des dites apparitions.
S'il en existait, ce serait une excuse pour nos confrères, qui
se sont si malheureusement compromis dans cette affaire, et
la réfutation de leur thèse n'en deviendrait pas plus difficile,
tant sont fortes et nombreuses les raisons qui établissent
péremptoirement que les révélations de Théotiste ne peuvent
venir de Dieu. Le lecteur l'aura déjà compris. En effet, le
caractère et les antécédents des personnages qui figurent
dans cette équipée, le choix de la voyante et de son *greffier*,
l'histoire de la fameuse commission qu'on suppose avoir tout
examiné, discuté, approuvé, et qui n'a existé que de nom ;
l'imprudente précipitation avec laquelle cette grave affaire
a été expédiée ; le soin que l'on a mis à écarter tout examen,
à étouffer toute discussion, à repousser les conseils et les
renseignements, tout en se donnant l'air d'observer les règles
canoniques ; la parenté bien prouvée des prétendues révélations avec le Cantianillisme ; la prétention de les imposer
comme indubitables, sans fournir la moindre preuve, si ce
n'est la preuve occulte et future des *secrets*..... ; est-ce que
tout cela n'est pas fait pour rendre ces visions plus que
suspectes et leur donner les apparences d'une odieuse super-

cherie ? Est-ce que ce sont là les allures et les procédés des amis de la vérité ou des apôtres de l'erreur ? Est-il possible que des hommes de foi, bien convaincus que Dieu a parlé, et forts de son appui, croient devoir recourir à de telles habiletés pour faire triompher son œuvre ?

La vérité ne craint ni l'examen ni le contrôle. La discussion ne fait que l'affermir et lui donner un nouveau lustre. C'est l'erreur qui aime les ténèbres et fuit la lumière. L'imposteur s'adresse aux gens crédules et ne laisse pas discuter ses affirmations. Le joueur de gobelets trompe l'œil par la rapidité de ses évolutions. Le voyageur muni de faux papiers, évite de les présenter. L'orfèvre qui fabrique en faux métal, se garde bien de faire éprouver et contrôler ses articles; il imite de son mieux la marque du poinçon, et se hâte d'écouler sa marchandise..... Nos illuminés n'ont-ils pas employé ces divers procédés ?

La vérité, on la démontre, on ne l'impose pas. Aussi, chaque fois que Dieu a daigné députer un homme pour nous faire connaître ses volontés, il a prouvé la mission de son envoyé par des prodiges qui surpassent les forces de la nature. Ici, non seulement le prétendu messager du ciel exige que l'on croie Théotiste sur parole, sans preuve aucune, mais encore il menace du gibet si l'on ne croit pas incontinent ; il menace de grands malheurs l'Evêque et son Prévôt, s'ils n'exécutent pas ses ordres avant même qu'il soit prouvé que de tels ordres viennent du ciel. Ainsi la Sainte-Vierge imposerait un acte de foi aveugle, une obéissance aveugle, et punirait des plus terribles châtiments la prudence que l'Eglise pratique et nous prescrit. Comment n'a-t-on pas compris que c'est tout simplement absurde ?

2° Avoir toujours eu et conserver encore l'habitude du mensonge, c'est très-compromettant pour *la pieuse fille*, dont on prétend nous imposer les rêveries comme des oracles venus du ciel, uniquement d'après son témoignage. Ce qui

est bien plus fâcheux, c'est que la prophétesse est convaincue
de nombreuses contradictions et de flagrants mensonges,
même à propos de ses visions. Pour ne pas ennuyer le
lecteur, ne choisissons dans le tas que les deux faits les plus
saillants.

Ainsi elle a déclaré à deux prêtres et à plusieurs laïques,
tous prêts à l'attester, qu'elle n'a pas dit tout ce qui est relaté
dans le rapport, qu'entre autres choses elle n'a parlé ni de
mauvais prêtres, ni de sacriléges. — M. Albrieux aurait donc
falsifié vos dépositions ? — Oh ! je ne dis pas cela, ce sera le
libraire (*sic*). D'où il résulte qu'il y a un menteur dans cette
affaire, et nous ne pouvons croire que ce soit M. le Prévôt.

Au commencement du mois d'août, dans deux entretiens
rapprochés, la voyante a donné à M. l'abbé Pasquier, archiprêtre, curé de Font-couverte, plusieurs graves détails, qui
contredisent ceux du rapport. M. le Curé en a fait part à
Monseigneur, et, voyant cette communication mal accueillie,
il demanda une confrontation avec Théotiste. Celle-ci a tout
nié, en présence de M. l'Archiprêtre, qui, de son côté,
maintenait avec énergie ses allégations. Pour mettre fin à
la contestation, Monseigneur déféra le serment à Théotiste !... — Monseigneur, cette fille va se parjurer ; je
demande moi-même à prêter serment, pour confirmer ma
déposition. — M. le Curé, vous êtes l'accusateur, je ne peux
vous déférer le serment. — Je n'accuse personne, j'atteste
simplement une contradiction entre le récit de Théotiste et
la relation du rapport. Cette fille à intérêt à nier qu'elle se
soit contredite ; je n'en ai aucun à la convaincre de mensonge. Mon âge, ma qualité de prêtre et de témoin me
donnent droit à la préférence. Ces observations si justes ne
furent point écoutées, et, quand Théotiste eut prêté serment,
M. l'Archiprêtre à son tour scella du serment la vérité de
sa déposition..... Et en se séparant de lui, M. Albrieux
embrassa tendrement le prêtre que son *intime conviction*

et le serment de sa protégée l'obligeaient de tenir pour parjure !!!. Oh ! tartufe !

Abstenons-nous de qualifier la conduite de Monseigneur, de son Prévôt et de leur Théotiste en cette circonstance. Contentons-nous de dire que la connaissance de ce fait a jeté dans les esprits une véritable stupeur. Quant aux contradictions de la voyante, qui ont donné lieu à cet étrange incident, les détails seraient longs et il en est de compromettants pour les héros de la comédie.

A ceux qui lui objectent ces contradictions et tant d'autres, l'honorable Rapporteur répond gravement que Théotiste ne peut ni se contredire ni mentir en matière de révélations. La preuve *irréfragable*, évidente, incomparable de cela, c'est que la voyante oublie tout, ne se souvient plus de rien, dès que le *greffier élu du ciel* a consigné les détails d'une apparition. Telle est exactement l'explication du révérend Prévôt. Un miracle de plus ou de moins ce n'est pas une affaire.

Mais, s'il en est ainsi, comment cette *pieuse fille, incapable de tromper*, se hasarde-t-elle à parler avec assurance des choses qu'elle ne se rappelle plus, au grand danger de se contredire et de falsifier les oracles du ciel ? Pourquoi Monseigneur et M. le Prévôt l'ont-ils fait comparaître en diverses circonstances pour renouveler le récit des visions déjà enregistrées par le *greffier* ? Comment a-t-on cru pouvoir en conscience déférer le serment à cette fille sur des détails dont elle a perdu le souvenir ? Si ses supérieurs l'ignoraient alors, pouvait-elle l'ignorer elle-même ? *Mentita est iniquitas sibi.*

3° La voyante a fait moult prophéties ; les seules qui n'aient pas été démontrées fausses, sont celles dont elle n'a fait part qu'après l'événement. C'est ainsi qu'elle a prédit, après coup, bien entendu, deux ou trois incendies et la dernière inondation de Chambéry. Avec un peu plus de charité, et aussi pour prouver sa mission, elle aurait pu, ce nous semble prévenir le public au moins la veille du sinistre. Il est vrai que la prédiction eut été moins sûre. Quant aux prophéties faites avant l'événement, Théotiste, il faut l'avouer, n'a pas eu la main heureuse. Toutes ont parfaitement raté ; on ne peut pas toujours réussir. Ne citons qu'un exemple.

D'après le rapport (p. 11.), la vierge de Théotiste *avait dit que, dès qu'on ne voulait pas ajouter foi à ses paroles, au mois de décembre, nous verrions dresser le gibet.....* Comme l'incrédulité était générale et qu'elle s'affichait de plus en plus, à mesure que l'on approchait du mois fatal, les croyants devaient, aux termes de la prophétie, regarder le châtiment comme certain. Et pourtant leur *conviction intime* n'était pas sans alarmes. Comme il faut tout prévoir, pour le cas où l'événement ne se réaliserait pas, ils donnèrent diverses interprétations de la prophétie, entre autres celle du *gibet moral* (sic) ! Non moins prudent que ses compères, Boulan publia dans ses Annales que *cette date de décembre n'avait rien d'absolu..... et que dès lors il était à peu près certain que la sentence n'aurait point son exécution à cette date.*

Ces sages dispositions prises de manière à parer à toute éventualité, nos illuminés attendaient, pleins d'anxiété au milieu d'un concert de railleries, l'esprit partagé entre l'espoir et la crainte : l'espoir d'échapper au cataclysme prédit, et la crainte de voir la prophétie démentie par l'événement. Mais voici que l'horizon politique s'assombrit. Aussitôt l'on revient sans plus de façon au vrai sens de la prophétie, et Théotiste, d'après de nouvelles visions, annonce que le gibet fonctionnera à souhait pour les prêtres, les religieux et les religieuses. Elle fixa d'abord entre le 8 et le 12 décembre l'époque des massacres, du pillage, etc..... Puis elle fit connaître que la persécution renvoyée de quelques jours, commencerait le 14 décembre, et qu'aux fêtes de Noël, toutes les églises seraient fermées !... Ces nouvelles sinistres étaient communiquées aux élèves du Petit-Séminaire, et colportées en ville par quelques dévotes que la peur affolait de dévotion. Les croyants du Petit-Séminaire firent cacher dans les caveaux qui servaient jadis de tombeaux, tout ce que l'établissement avait de plus précieux, même les provisions de ménage et aussi leurs effets personnels. Ils se procurèrent des habillements séculiers, pour faciliter leur évasion au milieu de la débâcle. M. le chanoine Magallon crut devoir prendre et conseiller à ses confrères une partie de ces mesures de prudence. Entraîné par la terreur panique de ses anciens coreligionnaires Cantianillistes, M. le chanoine Perret, qui se classe aujourd'hui parmi les *incrédules*, fit secrètement porter en lieu sûr six malles remplies d'effets divers. Puis on porta bénir à la vierge de Théotiste quantité de médailles, de chapelets, de cierges, tout autant de talismans divers contre les châtiments prédits.....

C'est assez dire et prouver combien la prophétie était précise, la foi robuste et la panique générale au sein de la petite église. Le reste du clergé rougissait et s'indignait de ces extravagances ; la population en faisait des gorges-chaudes.

Ce qu'il advint de tout ce fracas, chacun le sait : point de gibet, hélas ! et au lieu de la pluie de feu, tout bonnement une pluie d'eau, mais torrentielle. C'est n'avoir pas de chance. Car, comme l'eau éteint le feu, il était difficile que ces deux éléments fissent route ensemble. S'ils sont partis de compagnie, un seul pouvait arriver à destination.....

Mais au moins cette éclatante déconvenue a-t-elle détrompé nos visionnaires ? Non, loin de là : au lieu de lâcher leurs folles révélations, ces impénitents s'y cramponnent avec l'acharnement du désespoir. Ils font publier que c'est à leurs prières que nous devons d'avoir été épargnés pour le moment, que la prophétie se réalisera cependant, et que nous verrons bel et bien dresser le gibet, le vrai gibet..... Quant au *gibet moral*, il n'en font plus mention depuis que chacun sait qu'ils s'y sont pendus eux-mêmes *haut et court* par leurs atroces inepties.....

4° Les accusations contre le clergé sont fausses, évidemment fausses. De quoi sont accusés les prêtres ? *De grands péchés d'orgueil, de haine, de rancune, de scandaliser les fidèles par leur désunion, de commettre de grands sacriléges....., tellement que la Savoie est couverte de leurs péchés, qui vont en augmentant chaque jour !.....*

Est-ce assez odieux ? Non, maître Boulan, l'ami du Rapporteur, le confident de l'Evêque, Boulan qui a *été mis au courant de cette affaire dès le début,* met à la charge du clergé *des crimes d'un genre satanique, plus abominables que ceux de Sodome et Gomorrhe, des forfaits exécrables qui se commettent tous les jours !..... Le feu du ciel seul peut y mettre fin !.....*

Quels sont les hommes coupables de ces abominations ? Boulan n'ose le dire en propres termes, mais il l'insinue clairement, si clairement que le lecteur ne peut s'y méprendre. Ce n'est pas seulement une insinuation, c'est la conclusion logique et rigoureuse de son raisonnement, que voici : L'apparition de Saint-Jean-de-Maurienne fait suite à celle de la Salette. *A la Salette, c'était une accusation qui se terminait par une menace ; ici il s'agit d'une notification qui conclut par un jugement qui va être exécuté..... Ainsi que dans l'apparition de la Salette, il y a dans celle-ci également un secret. La très Sainte-Vierge a formulé trois sentences qui révèlent, avec les crimes commis, la nature des châtiments par lesquels ceux-ci seront punis.*

Les crimes du secret de la Salette, Boulan les indique

d'une manière couverte qui n'est que plus scandaleuse. La Sainte-Vierge en a ordonné le secret, *parce qu'ils n'étaient pas, à cette époque, pleinement consommés. Aujourd'hui ils montent comme un torrent à un excès où toute digue est impuissante à les arrêter.* Voilà pourquoi, après *la menace faite à la Salette, il s'agit ici d'une notification, qui conclut par un jugement qui va être exécuté.* (Annales de la Sainteté, 59ᵉ liv.) ·

Que telle soit la pensée exacte de l'article de Boulan et de ses comparses de Saint Jean, cela résulte encore de leurs propres aveux. Et puis la brochure d'où a été extraite cette explication *satanique* du secret de la Salette, dit et répète vingt fois que ce sont les prêtres, les religieux et les religieuses qui se rendent coupables de ces crimes monstrueux. Qu'un prêtre interdit, dont les écrits ont été plusieurs fois censurés à Rome, qui a été condamné par le Saint-Office pour des doctrines perverses, qui a dû subir sa peine dans les prisons du château Saint-Ange, qui a passé un an dans les prisons centrales de Versailles..., qu'un tel prêtre applaudisse à ces diffamations révoltantes, cela se comprend. Histoire du renard qui a perdu la queue. Mais, M. le Prévôt, vous qui êtes un ange de piété, *un grand saint,* vous qui nous prêchez l'union et la charité, comment avez-vous pu croire, sans preuve aucune, sur le simple témoignage d'une pauvre hallucinée, à tant de scélératesse de la part de vos confrères dans le sacerdoce? Comment conciliez-vous cela avec le grand précepte de la charité? *Charitas benigna est, non inflatur, non cogitat malum... Nolite judicare et non judicabimini.*

Ces monstres d'iniquité, tels qu'ils nous sont dépeints, sont-ils du moins en petit nombre? Non, d'après le rapport, c'est la grande généralité des prêtres, c'est le *clergé* qui est coupable. « *La Vierge immaculée révèle au clergé de ce « diocèse* les grands péchés dont il ne cesse de se rendre « coupable depuis quelques années (p. 2).... Généralisant sa

« plainte, elle disait que, depuis quelques années, *le clergé*
« *de la Savoie* était dans la mauvaise voie, que ce pays,
« dont elle avait toujours aimé les prêtres, était couvert de
« leurs péchés, qui vont en augmentant de jour en jour (p.
« 8 et 9). »

Ce qui prouve encore qu'il s'agit bien de l'immense majorité des prêtres de la Savoie, c'est que la prophétie ajoute que *pour un grand nombre leur triste état est sans remède.* Plus grand encore doit être le nombre des mauvais prêtres pour qui le temps de la miséricorde n'est pas encore passé, puisque la voyante assure que *beaucoup d'entre eux se seraient déjà reconnus et corrigés, si tout ce que la Sainte-Vierge a dit leur avait été connu* (p. 12). De là encore il résulte qu'il s'agit bien réellement de la généralité du clergé.

Or, à qui fera-t-on croire que le clergé de la Savoie, si estimé pour ses vertus, sa science, sa vie sacerdotale, n'est cependant composé en très-grande partie que de mauvais prêtres ; que ces hommes respectables, qui nous apparaissent comme de vrais ministres de Dieu, pieux, zélés, charitables, hospitaliers, foncièrement bons, ne sont en réalité que de vils hypocrites, rongés par le chancre de la haine, tout souillés de sacriléges ? Comprenez-vous l'énormité, l'absurdité de cette accusation ? Sept à huit cents mauvais prêtres en Savoie ! Sept à huit cents monstres d'hypocrisie, que tout un peuple vénère, que la malveillance n'a jamais su démasquer, parmi lesquels personne ne pourrait désigner un vrai coupable !!! Remarquez que nous n'exagérons pas, et s'il ne s'agissait pas du très-grand nombre, la vierge de Théotiste aurait menti en disant *le clergé.*

Abyssus abyssum invocat ! corruptio optimi pessima ! Le mauvais prêtre arrive bien vite aux dernières conséquences du mal. Impossible pour lui de s'arrêter dans la voie du vice : bientôt il roule au fond de l'abîme, et alors il ne

respecte plus rien : *Cùm in profundum venerit, contemnit.*
Ainsi le veut la justice divine ; l'histoire est là pour le prouver. Comment se fait-il donc que sur ces sept cents à huit
cents hypocrites sacriléges, aucun n'ait donné de ces scandales
retentissants, qui bientôt couronnent la vie du mauvais prêtre ; que, par exemple, aucun n'ait levé le masque et répondu
à l'appel des apostats de Genève et du Jura ? Pour de tels
prêtres cependant, quoi de plus attrayant que la perspective
de jouir d'un gros traitement, de se libérer de la contrainte
et de toute surveillance, de mener vie joyeuse et oisive sous
la protection des gendarmes ?

Je me trompe, il y a eu parmi nous un *fils de perdition*,
un seul, grâce à Dieu ! Un an de vie sacrilége lui a suffi pour
en venir à jeter la soutane aux orties, à braver le mépris
public, à méconnaître la voix de l'amitié et celle de l'autorité.
Lui aussi fut le censeur injuste de la conduite de ses frères et
grand prôneur de prophéties. Il a débuté dans la mauvaise
voie en compagnie des partisans de Cantianille, avec leurs
encouragements, en parfaite communauté d'idées et de sentiments. Plus tard, est-ce nous qui l'avons envoyé continuer
l'œuvre de Tho... ? Qui proclamait sa parfaite orthodoxie et
la sainteté de sa vie, alors que ses scandaleuses excursions à
travers le monde avaient un si funeste retentissement ; alors
que, par une association de prières et de Saints-Sacrifices,
nous, les grands coupables, nous demandions à Dieu de convertir ce malheureux et d'éclairer ses aveugles protecteurs

Mais comment le clergé est-il arrivé à la dernière perversité en si peu de temps, depuis quelques années, dit le rapport imprimé (p. 2 et 8), *depuis sept ans,* d'après le texte
primitif ? — *La source principale des grandes fautes que
commettent les prêtres, c'est leur scandaleuse désunion,
qui a engendré la haine et la rancune*(p. 8).

Voilà du moins une accusation précise, qui jette un grand
jour sur le motif et le but de l'entreprise. L'attitude du clergé

)envers les partisans de Cantianille, Tho... et Portaz, con-
)damnait leur obstination. Ils ont trouvé moyen d'en faire une
;grave accusation contre nous. Comme personne n'ajoutait foi
;à cette calomnie, la vierge de Théotiste est venue fort à pro-
;pos répéter après eux que nous sommes réellement coupables
)de haine et par conséquent de sacriléges. Sans lui manquer
de révérence, examinons si l'accusation a le moindre fonde-
ment.

Cette désunion, dont on travestit odieusement le caractère,
et que l'on dénonce à l'indignation publique comme un crime
de haine, a commencé vers la fin de 1867, alors que cent vingt
prêtres sur cent trente signaient une protestation bien modérée
contre un grand scandale que l'on approuvait et maintenait
en dépit du décret du Saint-Office. Des protestations plus ac-
centuées ont été réitérées plusieurs fois ensuite, jusqu'en
1870, parce que, loin de réparer le scandale, on faisait continuer à l'étranger, par le malheureux Portaz, l'œuvre flétrie
par le Saint-Siége. Pendant ce temps, le vide s'était fait autour de ceux qui nous abreuvaient de douleur et d'humiliation. Le vide s'est maintenu, parce qu'on a persisté à ne rien
réparer et à ne rien désavouer, à sévir contre ceux qui ont
eu le tort d'avoir raison, à les accuser de révolte, d'ambition,
de haine, juste à proportion des efforts d'un chacun contre
des aberrations désastreuses. Ce vide autour d'un parti qui a
fait tant de mal au diocèse, signifie simplement désapproba-
tion et protestation. C'est une réparation du scandale, la
seule qui soit en notre pouvoir. C'est l'unique moyen qui nous
reste de ramener de pauvres égarés au bon sens et au devoir. Ce n'est ni la haine ni la rancune. Loin de là, nous
remplissons au contraire en cela un devoir pénible de charité. Il nous serait plus agréable et plus avantageux de pouvoir, comme certains adulateurs peu désintéressés, garder
un silence prudent, ou même applaudir. Du reste personne
ne s'est mépris sur la cause et la portée d'une conduite qui n'a

pu être inspirée que, par un motif de conscience, puisque l'intimidation et l'appas des faveurs n'ont pas eu le pouvoir de nous en faire dévier.

Une preuve encore que nous n'avons point de haine dans le cœur, c'est que nous avons conservé tous les rapports que la charité et les devoirs d'administration nous imposent ; c'est que nous n'avons supprimé que les rapports de confraternité qui sont de surérogation, ce que font aussi nos très-charitables accusateurs, tout scandalisés qu'ils sont de cette *désunion*. Depuis sept ans bien sonnés que dure ce regrettable état de choses, dont la responsabilité retombe sur ceux qui en ont posé la cause, l'on ne peut nous reprocher aucun acte de désobéissance, ni aucun manquement grave de charité ou de respect. Ceux qui ont été insultés ou calomniés, n'ont jamais usé de réciprocité. Les prêtres, que leur courage a exposés à d'injustes sévérités, ont accepté, sans murmurer, leur disgrâce ou leur destitution. Dans ses visites pastorales, Monseigneur et les prêtres de sa suite ont toujours reçu dans les paroisses le meilleur accueil et tous les honneurs usités en pareille circonstance. Sa Grandeur n'a jamais rencontré la moindre résistance dans l'administration de son diocèse, sauf dans un cas litigieux, dont la cour de Rome est actuellement saisie. Où sont les preuves, les indices même de haine et de rancune ?

D'autre part, comme l'a très-bien observé M. le chanoine Bellet, à la réunion du Chapitre et des Archiprêtres, le 30 juillet, tous les prêtres du diocèse, à l'exception de huit ou dix dont on déplore les actes et l'attitude, tous sont unis entre eux comme des frères. Rien n'a été changé à leurs anciens rapports, à leurs habitudes hospitalières, si toutefois les liens de l'affection n'ont pas été encore resserrés par la douleur commune. Pour toute réponse à cette assertion, qui est un fait incontestable, Monseigneur n'a opposé qu'une dénégation dépourvue de toute preuve. Il a contre lui les faits et le témoignage unanime des prêtres et des fidèles.

Cette désunion, dites-vous, est un scandale ! Elle n'est scandaleuse que pour les partisans du Cantianillisme et du Théotisme. En dehors de cette infime fraction, tout le monde, prêtres et fidèles, dans le diocèse et à l'étranger, comprennent les raisons de notre conduite et applaudissent à notre attitude. Aussi, tandis que la déconsidération s'élargit autour de nos adversaires, ceux d'entre nous qu'ils ont le plus molestés et discrédités, n'ont fait que grandir dans l'estime et la confiance publiques. Au contraire, dès qu'un prêtre, à tort ou à raison, est soupçonné de se rallier aux Cantianillistes, il devient impossible dans sa paroisse. Le scandale dont vous vous plaignez, Messieurs, c'est l'isolement qui vous pèse, vous humilie et vous condamne ; c'est l'opinion publique qui se prononce contre vous et s'accentue de plus en plus. Le scandale, c'est votre œuvre. C'est afin de ne pas y participer que, sans rompre les liens sacrés de la subordination et de la charité, nous avons établi entre vous et nous une ligne de démarcation. Vous l'avez rendue plus sensible et plus insurmontable par de nouvelles extravagances. Cette fois encore nous n'avons rien négligé pour conjurer ce malheur. Tous nos efforts ont échoué contre une obstination inexplicable.

Ah ! si nous voulions entrer en lice avec vous sur le terrain de la malveillance, comme vous nous faites la partie belle ! Sans recourir à la calomnie, il nous suffirait d'appeler votre attention sur les cas de conscience qui suivent : Accueillir et croire, sans preuves suffisantes, de graves accusations contre l'honneur d'un prêtre, n'est-ce pas incontestablement un péché mortel ? Les approuver de son autorité et les publier, scandaliser les fidèles, ruiner le ministère sacerdotal, attribuer cette œuvre à Dieu et à la très-sainte Vierge, ébranler la foi aux miracles, aux prophéties, aux apparitions, déchaîner un torrent de sottes plaisanteries et de blasphèmes contre la religion et l'Eglise....., sont-ce des peccadilles? Autant de péchés mortels que de prêtres calomniés, — diffamés, — que de fidèles scandalisés, — que de personnes ébranlées dans leurs sentiments religieux !!! ..... L'énumération serait longue, surtout si nous remontions jusqu'en 1867. Mais la plume nous tombe des mains..... Nous aimons mieux croire à un mystère d'aberration qu'à un mystère d'iniquité. Toutefois il nous semble que ce n'est pas précisément par un excès de bienveillance et de charité que l'on est arrivé à cet excès de crédulité.

5° A l'odieux de la calomnie se joint l'odieux de la diffamation. C'est dans un écrit public, tiré à plusieurs centaines d'exemplaires, jeté aux quatre vents, que l'on accuse *le clergé de couvrir la Savoie de ses péchés*. Ces prêtres hypocrites, qui prêchent et feignent de pratiquer l'humilité, la charité, le respect des choses saintes, sont remplis d'orgueil et de haine ; chaque jour ils souillent le lieu saint de plusieurs milliers d'horribles sacriléges !! Un grand nombre sont arrivés à un tel degré de perversité que leur état est sans remède : il est inutile de prier pour eux !... Aucun écrivain impie n'est allé si loin dans ses attaques haineuses contre les ministres de Dieu.

Pour que personne *n'en ignore*, Boulan publie ces admirables révélations dans ses Annales de la Sainteté, et y ajoute d'horribles insinuations. En recevant le numéro qui renferme cet article révoltant, M. le Prévôt s'empresse de le faire circuler dans la ville de Saint-Jean, par l'entremise de ses dévotes !.....

Pour donner à ces calomnies le cachet de la certitude absolue, on les met sacrilégement dans la bouche de la Sainte-Vierge. C'est Elle qui les a révélées et c'est Elle qui en requiert impérieusement la publication ! Et en les publiant, le Rapporteur en parle avec l'accent de la plus profonde vénération, et nous présente ces révélations de *notre miséricordieuse mère* comme un fait indubitable, examiné et approuvé par une commission canoniquement institutée, et lui, M. Albrieux, supérieur du Petit-Séminaire, Prévôt du chapitre, Protonotaire apostolique, etc., croit à ce *fait divin avec une conviction intime.* Et à ce rapport officiel, monseigneur l'Évêque de Maurienne appose sa signature, et ordonne d'en envoyer un exemplaire à chacun de ses prêtres.

Voilà une diffamation en règle : rien n'y manque pour qu'elle porte coup. Si notre siècle, avec son ferment de passions anti-cléricales et irréligieuses, n'y ajoute pas foi, il faut que les diffamateurs soient bien discrédités et l'accusation grossièrement fausse.

Or, nous disons qu'il suffit de la plus légère dose de bon sens pour comprendre qu'une pareille entreprise ne peut être l'œuvre de Dieu. Comment avez-vous pu croire un seul instant, M. le Prévôt, que la Sainte-Vierge venait ainsi diffamer les prêtres *pour leur salut, et pour le salut des fidèles* (p. 9.) ? Supposons, comme vous le dites, que les crimes que vous osez imputer à vos chers confrères, soient vrais. Révéler leurs abominations secrètes, dévoiler leur hypocrisie, les livrer au mépris public, est-ce une œuvre digne de Dieu et de notre bonne Mère ? Est-ce d'ailleurs le moyen de convertir les coupables ? Peut-on supposer que, dans sa sagesse, Dieu s'y prenne de la sorte pour ramener à lui des pécheurs endurcis par le sacrilége ? N'est-ce pas, au contraire, faire bouillonner dans ces cœurs ulcérés des flots d'indignation et de haine ? Que dirait-on d'un homme qui, pour se réconcilier avec un implacable ennemi, commencerait par lui reprocher publiquement des turpitudes secrètes ? Prêter à Dieu, à la Sainte-Vierge de tels desseins, c'est un outrage à la sagesse divine.

Le salut des prêtres ! C'est la division, dites-vous, *qui a engendré la haine dans leurs cœurs* (p. 8). Or voici l'expédient que la Sainte-Vierge aurait employé pour rétablir la paix. Elle aurait chargé ceux qui ont posé et maintenu la cause du conflit, de dire aux cent vingt prêtres qui ont combattu le scandale : Votre opposition est une œuvre de haine..... Vous profanez les sacrements..... Vous êtes de mauvais prêtres..... Nous l'avions toujours dit ; vous voyez que le ciel nous donne raison.

Qu'aurait-on pu faire de mieux pour augmenter la division ? N'est-ce pas jeter de l'huile sur le feu, sous prétexte de l'éteindre ?

Aussi dans tout le diocèse l'indignation est à son comble, et ce qu'on appelle *division* s'accentue de plus en plus. Au Petit-Séminaire, la paix a cessé de régner dès qu'on a connu les révélations de Théotiste. M. le Prévôt oserait-il nier qu'après des discussions très-vives, Supérieur et Professeurs se sont divisés en deux partis bien tranchés, qui n'ont plus entre eux que les rapports indispensables ?

Faudra-t-il dire que la Sainte-Vierge voulait atteindre ce résultat, ou qu'elle ne l'a pas prévu ?

Le salut des prêtres ! Comment ? Par le désespoir ! Le Dieu des miséricordes, qui toujours appelle le pécheur par la confiance, et en lui offrant le pardon, cette fois, pour convertir de grands coupables, leur ferait dire *que, pour un grand nombre, leur triste état est sans remède, qu'ils seront perdus sans ressources, qu'il est même inutile de prier pour eux !!* Quoi de plus désespérant, de plus capable d'arrêter tout élan de repentir par cette pensée affreuse : Je suis un réprouvé, tout sera inutile ! En lisant ces paroles de désespoir, l'on croirait entendre le démon hurler aux portes de l'enfer. Et comme par un raffinement de cruauté, c'est la Mère de Dieu et des hommes, la Mère des miséricordes, le refuge des pécheurs, qui est chargée d'enfoncer le glaive du désespoir dans le cœur de ses enfants ! Elle frappe indistinctement ceux qu'elle vient convertir, aussi bien que *ceux qui sont perdus sans ressources !* s'adressant à tous, sans désigner ceux qui sont déjà réprouvés !

Dieu n'a jamais révélé rien de semblable. Croire une pareille énormité sans une révélation spéciale et absolument certaine, c'est non seulement révoltant, mais encore contraire à la foi. Car l'Eglise enseigne qu'en cette vie Dieu ne refuse jamais les grâces nécessaires pour le salut.

L'interprétation de Boulan, qui prétend que ces menaces doivent s'entendre des châtiments temporels, est absolument contraire au contexte. Il trompe encore en attribuant son explication à la commission. M. Albrieux-commission a soutenu au contraire qu'il s'agit du salut éternel.

Le salut des fidèles ! Ah ! M. le Prévôt, vous croyez donc que le clergé travaillera plus efficacement au salut des âmes, quand son ministère aura été avili et bafoué, quand les fidèles ne pourront voir un prêtre à l'autel, au tribunal sacré ou en chaire, sans se demander si celui-là n'est pas aussi un scélérat doublé d'hypocrisie, comme la plupart de ses confrères ! Grâce à Dieu, la masse du peuple n'ajoute pas foi à ces folles révélations, ou plutôt on s'en indigne. Mais si nos populations y croyaient, et elles devraient y croire, selon vous, alors ce serait fait du ministère sacerdotal, du culte et des sacrements ! Les fidèles confondraient bons et mauvais prêtres dans un commun mépris, comme vous le faites par vos calomnies, qui pèsent sur tous indistinctement. Ils auraient horreur d'assister à une messe sacrilége, de recevoir les sacrements d'une main sacrilége, d'entendre la parole de Dieu prêchée par une bouche sacrilége, et, les sources de la sanctification ainsi taries, nous retomberions en plein paganisme !... Nous n'exagérons pas ; plus d'une fois l'on a vu de bons chrétiens préférer mourir sans sacrements, plutôt que recourir au ministère d'un mauvais prêtre.

Et voilà comment Dieu s'y prendrait pour sauver les âmes ? Mais c'est satanique !

Le salut des fidèles ! non seulement en leur inspirant le mépris du prêtre, qui doit les sauver, mais encore en les

poussant à la haine et à la persécution. Il y a dix ans que M.
le Prévôt épouvante son auditoire en lui annonçant que les
péchés des hommes vont être punis de châtiments épouvantables..... Or, dénoncer les prêtres comme les plus grands
coupables, n'est-ce pas les désigner à la vindicte des peuples ?
Et, comme si cette conséquence n'était pas assez claire pour
tout le monde, M. Albrieux a pris soin de dire du haut de la
chaire que ce sont les péchés des prêtres, des religieux, des
religieuses, qui attirent les châtiments du Ciel. Si nous avions
affaire à des populations fanatiques, à chaque sinistre, elles
nous en rendraient responsables. Et si, en Décembre dernier,
une révolution eut livré la France aux mains des commu-
nards, la canaille se serait volontiers chargée de réaliser les
prophéties de Théotiste. Et les honnêtes gens, frappés de la
coïncidence, loin de nous défendre, auraient *laissé passer
la justice du peuple*, croyant que c'était la justice de Dieu.

Vous croirez renverser ces graves raisons en répondant,
comme vous l'avez déjà fait, que plusieurs saints n'ont pas
craint de reprocher publiquement au clergé ses désordres,
sans s'inquiéter des conséquences que nous signalons....

Le fait est vrai ; mais l'application est fausse. Oui, dans
des temps bien plus malheureux que les nôtres sous ce rapport, dans des pays où la conduite d'une partie des prêtres
n'avait plus rien de sacerdotal, Dieu a suscité de grands
saints pour réformer les mœurs du clergé. Ces hommes de Dieu,
avec l'approbation du Pape et des Conciles, se sont élevés
avec force, de vive voix et par écrit, contre des désordres
qui déshonoraient l'Eglise. Mais il s'agissait de *scandales
publics*, graves, inconstestables et inconstestés. Ces reproches indignés et éloquents étaient une protestation en faveur
de la perfection sacerdotale, une réparation du scandale, en
même temps qu'un avertissement salutaire pour les coupables.

Il est inouï dans l'histoire que Dieu ait révélé des désordres

secrets pour les faire publier et pour diffamer ainsi des pécheurs qu'il veut convertir.

Enfin pour votre justification, vous répondez que vous avez
pris toutes les précautions voulues afin que ces communications demeurassent secrètes, et que, si elles sont devenues
publiques, ce n'est pas votre faute, mais bien la nôtre.....

Est-ce sérieusement que vous dites cela, M. le Prévôt?
Peut-être avez-vous compté sur un miracle ; vous en cher-
chez partout. Mais, sans un miracle, il était impossible qu'un
écrit si exaspérant pour le clergé et si alléchant pour la cu-
riosité du peuple, jeté dans le public à deux cents exemplaires,
demeurât secret. A l'observation qui lui en fut faite (réunion
du 30 juillet), Monseigneur n'eut pas d'autre réponse que
celle-ci : *Entre deux maux, il faut choisir le moindre. ..*
Ah ! la crainte du gibet !

Si vous eussiez voulu que le rapport demeurât secret, vous
vous y seriez pris tout autrement. Mais cela ne fait pas votre
affaire. Sans la publicité, à quoi eût-il servi de faire condam-
ner les uns et absoudre les autres par une révélation? Aussi
les premières confidences n'ont pas été pour les prêtres.
Avant la réunion des Archiprêtres, M. le Prévôt, vous avez
lu votre rapport manuscrit dans un conciliabule de dévotes.
C'est par elles, vous le savez, que vos professeurs du Petit-
Séminaire ont eu connaissance des révélations. M. l'Archiprêtre de Fontcouverte en était instruit par la même voie,
avant de recevoir la lettre de convocation de Monseigneur.
Des prêtres en France ont reçu le rapport avant qu'il fût envoyé à nos curés. Plusieurs des exemplaires adressés à ces
derniers se sont égarés, et ne sont pas parvenus aux destina-
taires. D'autres ont été lus, avant de parvenir à leur adresse.
Il en est même qui ont été remis avec des notes mordantes
écrites à la main. Enfin , M. le Prévôt, vous ne pouvez
ignorer que votre rapport se vend à Paris, qu'il est exposé
aux vitrines de la librairie de N. D. de la Salette, rue des

SS. Pères, 11. Il n'y a pas long-temps que M. l'abbé Froment en a demandé quinze exemplaires au libraire, M. Bouniol. Dire après cela que vous n'avez rien négligé pour que la chose demeurât secrète, c'est de l'impudence !

Les prêtres du diocèse, nous le savons, ne se sont pas gênés pour communiquer le rapport. Mais remarquez bien que, quand il l'ont reçu, tout était déjà public, et par votre fait. Vous nous aviez donc mis dans la nécessité de réfuter les prétendues visions et les calomnies que vous vouliez accréditer au milieu de nos populations. Garder le silence, refuser de communiquer le rapport, c'eut été confirmer vos accusations, en ayant l'air de cacher les preuves de notre culpabilité. D'ailleurs, pour les gens instruits la réfutation la plus simple, la plus courte de votre œuvre, c'est sans contredit la lecture du rapport lui-même. Après l'avoir lu, il est impossible d'y croire, à moins que l'on ne soit totalement dépourvu de bon sens. Ce n'est pas prouvé et c'est absurde.

V

CONCLUSION

Donc toute cette affaire a été conduite de la façon la plus étrange, avec l'imprudence et l'opiniâtreté du parti-pris, avec des procédés empruntés à l'imposture et à la passion. Tout ce qui pouvait éclairer l'autorité et prévenir une erreur fatale a été obstinément repoussé.

Donc la prétendue mission de Théotiste, n'étant fondée sur aucune preuve, est par là-même convaincue de fausseté. On ne peut y croire sans mépriser les recommandations de l'Esprit-Saint, sans violer les règles canoniques à cet égard, sans se rendre coupable de témérité et de superstition. Dieu a toujours prouvé la mission de ses envoyés.

Donc ces prétendues révélations, ayant de plus contre

ı elles des preuves irrécusables, doivent être tenues pour
ı fausses et calomnieuses. Elles offensent les trois vertus chré-
ı tiennes par excellence : la foi, en poussant à l'incrédulité ;
ı l'espérance, par des paroles de désespoir ; la charité, par la
ı calomnie et la diffamation.

Donc la voyante, qui a joué le rôle de faux prophète, ses
ı partisans, qui ont accrédité ses rêveries et ses calomnies, sont
ı obligés en conscience de tout rétracter par des actes publics
ı et d'arrêter le cours du scandale. Leur bonne foi, fut-elle
ı entière, ne saurait les soustraire à cette obligation, d'après
tous les Théologiens. S'il pouvait leur rester la moindre
illusion à cet égard, qu'ils contemplent le résultat de leur
œuvre ; car Jésus-Christ nous dit que l'on doit juger de
l'arbre par ses fruits.

Qu'ont-ils donc fait ces malheureux illuminés ? Ils ont
augmenté dans les rangs du clergé des divisions regrettables,
quoique légitimes et nécessaires, — renouvelé de lamenta-
bles souvenirs, qui commençaient à se calmer sans être
oubliés, — ravivé l'indignation dans les cœurs, — jeté le
trouble au milieu de nos paisibles populations. Non seulement ils se sont eux-mêmes déconsidérés, tant par leur
inconcevable crédulité que par leurs étranges procédés ;
mais encore ils ont déchaîné contre le clergé tous les mauvais
instincts, paralysé le ministère sacerdotal, et fourni à
l'impiété les arguments les plus dangereux contre la foi.
Nous avons vu avec quelle apparence de logique les esprits
forts de haut et de bas étage concluent de ce fait particulier
que tous les faits surnaturels, miracles, prophéties, apparitions, n'ont été que de pieuses supercheries. Les personnes
instruites et foncièrement religieuses ne se laissent pas
prendre à ce pauvre sophisme, dont le mensonge impudent
est prouvé par l'histoire. Du reste la conduite du clergé et
des fidèles, qui rejettent avec mépris les visions de Théotiste,
malgré la pression exercée par leurs supérieurs, suffit pour

prouver qu'il n'est pas facile, du tout, d'accréditer des faits surnaturels de mauvais aloi. Mais c'est là ce que l'élément irréligieux, ignorant, libertin ne comprend pas et ne veut pas comprendre. Les gens de cet acabit exploitent en toute occasion cette malheureuse affaire pour propager l'impiété et tuer les âmes. Pour l'édification de ceux qui se bouchent les oreilles afin de n'être pas troublés dans leur quiétude, voici quelques échantillons des propos qui courent les rues et qu'on ne dédaigne pas toujours dans les salons :

— Si les curés ne croient pas aux apparitions de Théotiste, la raison en est simple : c'est que, sans être tailleuse, elle les a joliment habillés.....

— Nous vous l'avions toujours dit, vos curés ne sont que des hypocrites ; ils valent moins que nous. Vous ne vouliez pas le croire ; voyez maintenant : c'est la Sainte-Vierge qui le révèle, ce sont votre Evêque et ses premiers dignitaires qui l'attestent..... Quand donc cesserez-vous de vous laisser endoctriner, tondre et voler pour nourrir des fainéants ?..... Ah ! cela vous déplait ? Eh bien ! continuez de croire aux leçons de morale qu'ils ne pratiquent pas et donnez-leur beaucoup d'argent pour dire des messes sacriléges !...

— Vous autres, en Savoie, vous ne savez rien faire..... Pourquoi vous moquer des révélations de Théotiste, quand vous croyez à tant d'autres vieilleries également absurdes ? Les miracles et les prophéties, c'est une mine d'or ; il faut savoir l'exploiter. En France, nous en aurions profité pour nous enrichir et nous égayer. Voyez nos pèlerinages de la Salette et de Lourdes : bon an mal an, c'est un bénéfice net de plus de cent mille francs pour chaque localité.....

Dans les intrigues religieuses, comme dans toutes les autres, il y a..... toujours..... une femme, une Priscille..... Etc., etc...

La plume se refuse à reproduire les discours obscènes.....
Pour mieux faire ressortir encore quel parti l'impiété sait

tirer de ces prétendues révélations, résumons l'article publié par le journal le XIXe siècle, sous ce titre : *Les samedis de la Madone.*

L'auteur de l'article, M. Sarcey, se moque tour à tour de l'Evêque de Maurienne et de son *Prévôt, qui* N'ÉCRIT QUE POUR SON EVÊQUE. Il va jusqu'à les comparer aux *augures du paganisme, qui ne pouvaient se regarder sans rire !* Il dit que le rapport n'est *qu'un inconcevable fatras d'enfantillages.* Il tourne en ridicule la Sainte-Vierge, son costume et ses révélations. Il suppose que la *dévotion du samedi en faveur des âmes du purgatoire pourrait* bien un jour *être érigée en dogme ! La dévotion au cœur de Jésus,* ajoute-t-il, *n'a pas eu de commencements plus brillants !...* Quant aux graves accusations portées contre le clergé, lui Sarcey et les siens *n'ont qu'à dire amen !*

Le but de l'article, c'est de prouver la funeste influence de l'éducation chrétienne : *elle pervertit les idées ; elle fait dévier le bon sens ; elle déforme l'intelligence.....* Chez certaines peuplades sauvages, les mères compriment et applatissent le crâne des nouveau-nés entre deux planchettes, que l'on resserre graduellement chaque jour. C'est le supplice de la mutilation que le joug de la foi inflige aux intelligences. Chez les catholiques, *la raison est emprisonnée dans des corsets orthopédiques ; elle en sort contrefaite, boiteuse, bossue. Le spectacle de ces difformités...* etc., etc.

M. Sarcey, la fleur des athées, fait preuve de plus de mauvaise foi encore que d'ignorance. Pour être en bon français, son raisonnement ne vaut pas mieux que celui des voyous qui disent plus grossièrement la même chose. Conclure ainsi du particulier au général et, sur ce misérable sophisme, bâtir tout un échafaudage de calomnies et de blasphèmes, de la part d'un homme d'esprit, c'est impardonnable, c'est de l'impudence. Il est facile de réfuter ces impiétés par le raisonnement, plus facile encore, par les

faits. Il y a bientôt deux mille ans que l'Eglise fait l'éducation des hommes dans l'univers entier. A dater de sa fonda-
tion, nous lui devons la civilisation des peuples et tout ce qui
fait la gloire du genre humain, sous le triple rapport de la
vertu, de la vérité et des beaux-arts.....

Mais n'est-il pas vrai que nos illuminés ne pouvaient
mieux s'y prendre pour confirmer la thèse de M. Sarcey?
Au contraire, les prêtres et les fidèles de la Savoie, en
repoussant avec indignation *les billevesées d'une pauvre
hallucinée*, n'ont-ils pas donné d'avance à l'impiété un
démenti écrasant? Qui sait si M. Sarcey et ses amis de l'Uni-
versité auraient montré cette indépendance de conviction,
s'il s'était agi de déplaire à leurs supérieurs hiérarchiques,
de compromettre leur avancement, de s'exposer à une destitution? Nous savons avec quelle facilité, pour faire leur
chemin, ces esprits forts adoptent les plus étranges aberrations; nous ne les avons pas encore vus résister en masse,
à leurs risques et périls. Que M. Sarcey contemple les luttes
des catholiques en Suisse, en Allemagne et ailleurs; il com-
prendra que l'éducation chrétienne ne déforme pas trop
l'intelligence et n'abaisse point du tout les caractères.

Mais, plus cette œuvre nous révèle son caractère satanique dans ses conséquences comme dans son objet, plus aussi
ceux qui l'ont patronnée sont obligés de se rétracter. Oui,
c'est pour eux un devoir grave d'arrêter le torrent d'impiétés
qu'ils ont inconsciemment déchaîné; de raffermir la foi des
faibles; de réparer l'outrage fait au clergé de la Savoie
et de la Maurienne en particulier.

Quant à nous, il ne suffit pas de nous lamenter et de nous
indigner en présence des ruines amoncelées, ni même de
redoubler de prières pour que *Dieu daigne y porter remède*.
Nous devons lutter courageusement contre le scandale et
par les actes et par la parole.

Par les actes : Notre attitude doit être la même que par

[le passé,. toujours ferme, calme, respectueuse, nullement
[provocatrice. Pour détruire des préventions naissantes
et diminuer le scandale, multiplions nos bonnes œuvres et
travaillons avec plus d'ardeur au salut des âmes ; observons-
nous en toutes choses, *ut is qui ex adverso est vereatur,
nihil habens malum dicere de nobis.* Nous devons nous
attendre à plus de sévérité d'en haut et à plus de malveillance d'en bas. Soyons irréprochables.

Surtout gardons-nous bien de manquer au devoir du respect ou de la subordination envers nos supérieurs. Respec-
tons l'autorité, parce qu'elle vient de Dieu. Ne résistons que
dans le cas où le bien public l'exige. S'il s'agit d'une question personnelle, il faut que nous ayons pour nous le droit
et de graves raisons de nous en prévaloir.

S'il nous est permis d'apprécier les faits considérés en eux
mêmes et dans leurs conséquences, il ne nous appartient pas
de prononcer que les auteurs sont coupables au for de la
conscience : Dieu seul peut juger si les fautes sont sans
excuse devant lui. Plaignons ceux qui se sont laissés tromper
et prions pour eux : *nesciunt enim quid faciunt.*

Par la parole : En disant carrément la vérité à qui de
droit, dans le but de dissiper de si funestes illusions et d'obtenir enfin une réparation indispensable ; en réfutant les
conséquences illogiques et pernicieuses que les méchants
déduisent de cette malheureuse affaire ; surtout en exposant
aux fidèles la doctrine des Théologiens en matière de révélations, — les conseils de prudence des saintes Ecritures, —
les règles canoniques et la sage réserve de l'Eglise, qui n'ap-
prouve les faits de l'ordre surnaturel que lorsqu'ils sont
démontrés jusqu'à l'évidence. Là est le remède contre le
scandale des faibles.

Dans ces tristes conjectures, en présence des progrès de
l'irréligion, il est de bons chrétiens qui s'impatientent outre
mesure d'attendre une décision de Rome. Leurs plaintes

et leurs murmures accusateurs sont un symptôme plus affligeant que tous les ricanements de l'impiété. Au milieu de ce déluge d'erreurs de toutes sortes, que deviendrait la foi des fidèles, si dans leur cœur le respect pour l'autorité du Juge Suprème venait à s'amoindrir ?..... Donc ne négligeons rien pour rassurer les consciences inquiètes, et imposer silence à ces dangereuses récriminations..... L'Eglise de Rome se trouve dans les circonstances les plus difficiles..... Le personnel des Congrégations a été notablement diminué par la persécution ou à cause du manque de ressources..... Celle du Saint-Office a des milliers de causes à expédier ; chacune vient à son tour. Outre l'examen des doctrines, il y a celui des faits et il faut du temps pour contrôler les détails multipliés de l'accusation et de la défense..... Mieux vaut faire attendre la réponse définitive que de s'exposer à une erreur. Le tribunal, qui juge en dernier ressort, au nom du Vicaire de Jésus-Christ, ne s'aurait user de trop de prudence.....

En attendant cette décision, qui nous trouvera tous dociles et soumis, nous conservons toute notre liberté d'action, vu que l'autorité diocésaine s'est abstenue de porter un jugement. Sans rien préjuger, nous devons défendre la vérité et les intérêts de l'Eglise, comme nous les comprenons.

Il existe contre nous un acte d'accusation des plus scandaleux, un réquisitoire rédigé au nom du ciel, — approuvé en apparence par une commission et en réalité par un Evêque, — livré à la publicité, — destiné à la postérité..... Pour notre honneur, pour l'honneur de l'Eglise et de la religion, pour le salut des âmes, exigeons avec énergie et persévérance, par tous les moyens compatibles avec le respect et l'obéissance, que ce misérable factum soit formellement et publiquement désavoué. C'est notre droit et bien plus encore notre devoir.

Aux peureux qui disent que nous ne pouvons défendre notre cause et celle de la religion sans dénigrer nos supérieurs, sans nous exposer à des désagréments ; qu'il vaut mieux nous taire, laisser le scandale suivre son cours et demeurer patiemment sous le coup de la diffamation, — nous répondrons en citant deux passages de l'excellent ouvrage du Révérend Père At. sur l'Autorité et la Liberté. Observons que cet ouvrage a été honoré d'un bref de sa sainteté Pie IX, que de plus il a été loué et analysé par la Civita Catholica. L'éminent auteur traite la question *ex professo*, avec l'autorité de la science et du talent. Il trace avec vigueur le portrait des citoyens qui ont le courage de remplir leurs devoirs envers les princes qui se dévoient, et celui des mauvais serviteurs qui perdent leur maître par complaisance ou par intérêt. Les indécis verront comment nous devons nous conduire en cette occurence.

« Les honnêtes gens ont d'autres torts aux yeux des princes fourvoyés : ils sont sincères dans leur langage et dans leur attitude ; les travers de la majesté ne trouvent pas grâce à leur tribunal. Ils ne sont pas frondeurs, mais ils sont indépendants. Ils mettent le bien public au-dessus de l'intérêt personnel et sacrifient tout à ce but sublime, qui dévore leurs pensées. C'est pourquoi ils ne craignent pas les menaces ; ils méprisent les faveurs ; ils endurent les injustices ; ils jugent sévèrement les exploiteurs qui trafiquent des faiblesses de l'autorité et qui vendent leurs louanges comme une vile denrée ; ils se consolent de leurs triomphes et ne leur font pas l'honneur d'être jaloux. Evidemment de pareils hommes sont nés pour les disgrâces ; c'est parmi eux qu'on choisit les martyrs (1). »

Pourrait-on être un bon prêtre sans pratiquer les vertus civiques des *honnêtes gens*?

« Il y a un respect de l'autorité mal entendu....., qui devient un malheur public..... C'est lorsque l'autorité méconnaît sa mission.

« Les fétiches..... poussent le respect jusqu'au fanatisme.

(1) Le vrai et le faux en matière d'Autorité et de Liberté, t. 1er, p. 58.

Quoique doctrinalement ils n'admettent ni l'infaillibilité ni l'impeccabilité de l'autorité, en réalité ils se comportent comme si elle possédait ces deux prérogatives. Les fétiches sont contents de tout, toujours et quand même. Chez eux l'obéissance de jugement dépasse, s'il est possible, l'obéissance de conduite. Ils plongent dans le mystère avec délices. Ils aiment l'absurde, que sans doute ils n'appellent pas de ce nom...... L'autorité est l'image de Dieu dans le monde. Les fétiches en font une idole ; car ils adorent chez elle ce qui ne vient pas de Dieu : l'erreur et le péché.

« Or les fétiches ne sont pas tous les mêmes. Tous ne sont pas sincères ; assez souvent ils affichent un respect qu'ils n'ont pas. Ils manquent de courage en face de l'autorité, et ils mentent pour ne pas dire ce qui pourrait déplaire. Tous ne sont pas désintéressés ; dans ces âmes banales il n'y a pas de place pour la patrie ou pour l'humanité. Repliés sur eux-mêmes, dévorés d'ambition, craignant au moins de perdre les avantages acquis, ils prennent le parti le plus sûr et ils se rangent du côté de la force ; ils ne sauraient aimer la justice à leurs dépens. Tous ne sont pas dévoués à cette autorité qu'ils encensent du matin au soir. Ils ne la servent pas, ils l'exploitent. Le dévouement proteste d'abord par le silence contre les excès de l'autorité ; au besoin il résiste en face : ses blessures valent mieux que les baisers des flatteurs...

« Dans cette revue, n'omettons pas les bons hommes, toujours nombreux, qui naquirent pour suivre le torrent, qui croient ce qu'on leur dit et font ce qu'on leur ordonne. Cela leur coûte moins que la réflexion, dont ils sont peu capables. Circonvenus par les habiles, trompés par les apparences et séduits par les promesses, ils sont de merveilleux instruments de règne, très-recherchés par l'autorité qui a tort. Ils font beaucoup de mal : on leur pardonne en considération de leur honnêteté (1). »

(1) Ibid. p. 145 et suiv.

Quand un prince veut s'entourer de *fétiches*, il en trouve ; à défaut, il en crée. Ceux-ci achèvent de perdre leur maître et le règne des *fétiches* et de l'idole devient une calamité publique ! (1).

(1) L'impression de cet opuscule était presque terminée, quand de nouveaux détails nous ont été transmis. Ne pouvant les insérer à leur place, nous nous bornerons à quelques extraits.

L'on nous cite plusieurs anecdotes, qui prouvent que Théoliste, aujourd'hui encore, malgré les faveurs célestes dont elle se dit honorée, est loin de se départir de son habitude invétérée de faire des mensonges et de faux rapports. Nous croyons superflu de donner ces nouvelles preuves. Assez d'amertumes pour cette malheureuse ! Elle est bien moins coupable que ceux qui lui font jouer ce rôle odieux. Nous eussions préféré ne pas nous occuper d'elle. Mais il fallait montrer ce que vaut le témoignage de la sainte qui calomnie le clergé. Elle l'a voulu : qu'allait-elle faire dans cette maudite galère ?

Dans le texte manuscrit des révélations, le Rapporteur faisait dire à la Sainte-Vierge que ce sont *surtout les jeunes prêtres* qui se rendent coupables de haine, de sacriléges, etc. L'on ne trouve pas trace de ce passage dans le rapport imprimé. Si M. le Prévôt croyait réellement que c'est la Sainte-Vierge qui a fait ces tristes révélations et ordonné de les faire connaître au clergé, se serait-il permis d'en tronquer le texte sacré ?

A la vingt-deuxième apparition, le 24 juillet, *la Vierge dit que sa mission était finie et qu'elle ne descendrait plus sur la terre pour cette fin* (p. 12). Or voici que dès le 1er novembre, sans craindre d'être accusée de contradiction, *sa Vierge redescend sur la terre*, apparait plusieurs fois en décembre, annonce le gibet pour diverses dates, puis accorde un premier délai, un second délai, etc. Les apparitions reprennent de plus belle en cette année, 1875. Il n'y a pas de raison pour que cela finisse.... Quelle sacrilége parodie des apparitions divines !

Enfin l'on nous communique l'extrait suivant des Annales de la Sainteté : « Ah ! ce que nous avons craint, dès le début de ces apparitions de la très-sainte Vierge, c'est qu'elles n'eussent aucun retentissement. Mais grâce aux adversaires, nul, dans le pays, ne les ignore..... Dieu en soit béni ! » A cette horrible joie de voir le clergé diffamé, il est facile de reconnaître le pensionnaire des prisons du château Saint-Ange et des prisons centrales de Versailles. Cela explique aussi pourquoi le Rapporteur, tout en feignant d'éviter la publicité, a si bien pris ses mesures pour que le rapport devint public ; nous l'avons prouvé. Il ne faut pas oublier que maître Boulan est l'ami, le confident intime du révérend Prévôt.

En remerciant nos correspondants de leur concours empressé, nous leur pouvons rendre ce bon témoignage que tous leurs renseignements sont parfaitement concordants. Nous nous y sommes conformé avec une scrupuleuse exactitude. Si nous avons fait un triage, c'est uniquement à cause de la surabondance des matériaux à mettre en œuvre. Nous avons tâché de nous inspirer des meilleurs sentiments de nos confrères, prenant le milieu entre l'appréciation apathique, presque indifférente de quelques-uns, sous prétexte de dédain, et l'indignation mal contenue d'un plus grand nombre. Nous n'avons eu d'autre intention que celle de venger l'honneur du clergé et d'atténuer le scandale des fidèles. Notre unique regret, c'est de n'avoir pu consacrer plus de temps et de soins à cette bonne œuvre.

FIN

5

RAPPORT

FAIT PAR ORDRE DE MONSEIGNEUR L'ÉVÊQUE DE MAURIENNE

A LA COMMISSION PAR LUI ÉTABLIE

POUR EXAMINER

LE FAIT DES APPARITIONS DE LA TRÈS-SAINTE VIERGE

A SAINT-JEAN-DE-MAURIENNE

Pendant les années 1873 et 1874

Avant tout, nous devons faire observer à l'honorable commission ici réunie, qu'en disant dans notre récit que c'est bien la Vierge Marie qui apparaît, nous ne voulons pas préjuger une question soumise à son examen. Nous nous exprimons ainsi, parce que c'est un moyen plus facile de rapporter fidèlement ce qui nous a été dit. Cependant, pour être sincère, nous avouons que, pour notre part, nous croyons, avec intime conviction, à la vérité de ce fait divin ; mais nous n'avons pas la prétention d'imposer à qui que ce soit notre croyance.

Nous commençons, après avoir imploré l'assistance de la miséricordieuse Vierge.

Dieu, le père des miséricordes, se souvenant des mérites des saints prêtres qui nous ont précédés et dont les vertus sacerdotales auraient dû demeurer notre plus précieux héritage, veut bien avoir pitié de nous et nous retirer de l'abîme où nous ont jetés de nombreuses fautes, dont la première source a été l'orgueil.

Dans ces jours de désordre et de corruption, à la veille des malheurs que les crimes des hommes, ceux des prêtres surtout, vont attirer sur la terre, il a daigné jeter un regard de clémence sur cet antique diocèse et lui envoyer son auguste Mère, pour lui annoncer les desseins de sa miséricorde et ceux non moins sacrés de sa justice.

La Vierge immaculée, comme vous le démontrera cette série d'apparitions qui vont être soumises à votre examen, s'adresse spécialement au clergé de ce diocèse, qui lui a toujours été si cher ; elle lui révèle, avec larmes, les grands péchés, dont il ne cesse de se rendre coupable depuis quelques années, et l'invite, pour le sauver, à la pénitence avec la plus maternelle sollicitude.

Dans l'impuissance où nous sommes, pour plusieurs motifs, de vous faire un récit, en tout complet, de toutes ces apparitions, nous allons, par ordre de Monseigneur notre très-vénéré évêque et père, vous en soumettre les points principaux et assez détaillés pour que l'avis que vous devrez donner, sous le regard de Dieu, soit éclairé, et solidement motivé.

Pour mettre de l'ordre dans notre travail, nous dirons : 1° quelle est la personne ainsi favorisée ; 2° le nombre et le mode des apparitions ; 3° les principales paroles, ou mieux les plaintes de la très-clémente Vierge ; 4° la fin de ces miséricordieuses communications ; 5° et en dernier lieu, les moyens qu'elle a indiqués pour atteindre cette fin.

*1° Quelle est la personne favorisée de ces ap-
paritions de la divine Vierge?*

Elle s'appelle Françoise-Théotiste Covarel ; elle est née le 5 janvier 1836, au village de la Rochette, dans la paroisse de Fontcouverte ; elle est la première des sept enfants de défunt Jean-Baptiste et de vivante Julienne Covarel. Cette fille, d'une vertu constante et éprouvée, conserve toute la naïve simplicité de l'enfance. Toute sa vie, elle a eu pour la Vierge Marie une tendre et singulière dévotion ; ses vertueux parents lui ont appris à la regarder comme sa vraie Mère. Depuis l'âge de dix ans, époque de sa première communion, elle a été fidèle à la récitation quodienne du chapelet. Elle récitait, en outre, souvent le rosaire en entier ; et, depuis que les révérends-pères dominicains ont établi le rosaire perpétuel à Saint-Jean, où elle habite depuis cinq ans, en qualité de servante, elle le dit chaque jour, à trois heures du matin. Nous notons, pour éviter des redites, que la très-pieuse Vierge, dans sa dernière apparition (le 24 juillet), lui a dit qu'elle était redevable de la grâce de l'avoir vue un si grand nombre de fois à la pratique de l'honorer, d'une manière sepéciale, chaque samedi.

Aujourd'hui Mme Sambuys, née Barbier, sa maîtresse, rend de cette heureuse fille le plus élogieux témoignage, sous tous les rapports. Elle sait allier, sans effort apparent, le fidèle accomplissement de tous ses devoirs de servante avec la pratique exemplaire des diverses œuvres de piété. Son directeur, qui est le révérend curé de la parossse, lui a permis la communion quotidienne, lorsqu'elle n'en est pas empêchée par les occupations de son état. Telle est la personne devenue la confidente de notre Mère du Ciel.

2° *Nombre et modes des apparitions.*

Les apparitions sont, sauf erreur involontaire, au nombre de vingt-deux. La première date du jour où les pèlerins de la Maurienne se trouvaient l'an dernier (18 août), par un fort mauvais temps, dans la traversée des montagnes pour arriver à Notre-Dame de la Salette, et la dernière, a eu lieu le 24 de ce mois de juillet. Celle-ci doit clore la mission que la miséricordieuse Mère est venue accomplir en faveur des prêtres de ce diocèse. Toutes ces apparitions eurent lieu à trois heures du matin, pendant que la voyante disait son rosaire, excepté celle du mardi qui a précédé la retraite ecclésiastique de 1873. Elle arriva, ce jour-là, à sept heures du matin, au moment où Théotiste récitait son office du tiers-ordre de saint François.

Dans les deux premières interventions de Marie, des paroles seulement ont été prononcées, mais nettement, et bien comprises par celle qui recevait cette faveur ; ainsi, ces deux premières fois, elle ne vit pas la Sainte-Vierge ; ce qui n'empêcha pas qu'elle ne fût profondément surprise, et même troublée, tant ce fait inattendu lui paru extraordinaire.

Dans toutes les autres manifestations, il y a eu apparition visible de l'être céleste qui, sans nul doute, est la Sainte-Vierge, comme on en demeurera convaincu par tout ce que nous dirons. Ce fait merveilleux se produit à peu près invariablement de la même manière.

La voyante entend d'abord le souffle d'un petit vent, produisant un léger bruit, comme celui que l'on fait en tournant avec vitesse les feuillets d'un livre. Aussitôt après apparaît une vive et abondante clarté qui remplit toute sa chambre, et la Vierge se montre debout à une distance de l'endroit où elle est agenouillée, à la hau-

teur d'un demi mètre. Quatre fois exceptées, elle a toujours été vêtue d'une large robe de satin blanc rayé,
ondoyante à sa partie inférieure et garnie de roses par
le bord. Elle ne porte pas de ceinture, sa tête est ornée
d'un diadème enrichi de pierres précieuses et auquel
est entrelacée une guirlande de fleurs qui descend jusqu'à la moitié des reins. Son visage, un peu allongé, est
d'une ravissante beauté ; ses yeux sont bleus, ses joues
et ses lèvres sont légèrement teintes d'une douce couleur rose, son menton s'arrondit en s'effaçant. Elle a
le cou couvert d'un petit fichu blanc bordé de petites roses ; elle porte toujours, sur sa poitrine, un crucifix
blanc qui est soutenu par une petite guirlande de fleurs
de même couleur. Ses bras sont le plus souvent croisés,
et quelquefois ils sont étendus et ses mains gracieuse-
ment ouvertes comme on le voit dans les *médailles
miraculeuses*. Ses pieds ne paraissent jamais quand elle
est posée, ils sont couverts de fleurs ; mais quand elle
s'élève pour disparaître on aperçoit ses petits souliers
blancs. Elle est d'une grandeur moyenne et on la dirait
de l'âge de dix-sept ans environ. Nulle expression ne
saurait redire la délicieuse harmonie de sa céleste voix.
Toujours sa virginale figure est empreinte d'une noble
majesté, plus d'une fois un sourire d'une suave douceur
a accompagné ses maternelles communications, et
quelquefois son ravissant visage s'est assombri sous le
voile d'une profonde tristesse ; quatre fois elle versa
des larmes et deux fois les larmes furent abondantes.

Nous avons dit que quatre fois elle apparut avec un
costume différent ; la nature des communications qu'elle
voulait faire l'exigeait ainsi.

1° Le jour de Noël de 1873, la voyante eut le spectacle du mystère de la sainte Crèche. L'auguste famille,
quoique au sein d'une éclatante lumière, portait l'em-

preinte de la tristesse, les langes du divin **Enfant** et
les vêtements de Marie et de Joseph étaient sombres et
pauvres, et la paille de la crèche était foulée et sans blan-
cheur. Ce fut alors que l'Auguste Mère révéla un fait
qui était la source de beaucoup de péchés et qu'elle fît
miséricordieusement avertir la personne qui devait en-
lever cette cause. Ses ordres furent fidèlement exécutés.

2ᵉ Le Samedi-Saint de cette année 1874, la doulou-
reuse Vierge se montra à la voyante portant un voile
et une robe de couleur noire ; ils étaient lacérés et
souillés de sang et de boue. Elle portait entre ses bras
l'enfant Jésus mort ; il avait la figure toute déformée et
couverte de sang, ses lèvres et même ses dents étaient
pendantes, le côté droit était tellement déchiré qu'on lui
voyait les entrailles ; il n'avait qu'un lambeau de vêtement souillé sur les épaules et un semblable autour des
épaules. Nous dirons, dans son lieu, la plainte que la
Vierge des douleurs laissa sortir de son cœur maternel.

3ᵉ Le 4 mai dernier, jour pour moi d'impérissable
mémoire, lorsqu'elle commanda à Théotiste de venir une
première fois me faire connaître, sans nul mérite de ma
part, ses miséricordieux desseins, cette tout aimable
Mère portait un vêtement de couleur brune ; cette fois
elle avait un tablier ; elle était pleine de tristesse et elle
pleurait. Donnez-moi la permission de lui exprimer, de
tout mon cœur, ma plus profonde reconnaissance. Depuis
ce jour jusqu'au 24 juillet j'ai reçu, par l'entremise de
la voyante, quinze fois ses maternelles communications.

4ᵉ Une quatrième fois, elle parut vêtue en bleu ;
c'est lorsqu'elle nous dit que les prières qui se faisaient
commençaient à toucher le cœur de son divin Fils.

Disons, pour terminer ce second point de notre récit,
que mademoiselle Albertine Sambuys, âgée de 17 ans,
qui a son lit dans la chambre de la voyante, a aperçu

quatre fois une partie de ces merveilleuses manifestations. Une première fois elle entendit un bruit semblable à celui d'un globe que l'on agite sur son socle et répété par un écho lointain, elle vit en même temps toute la chambre éclatante de lumière et elle entendit bien distinctement les paroles de Théotiste sans pourtant les comprendre.

Une seconde fois, elle n'a entendu que le bruit. Une troisième, elle a vu le lit de la servante tout illuminé, et la quatrième fois, il y a eu l'exacte reproduction de ce qui arriva la première fois. Il est difficile de rendre l'impression de bonheur qu'éprouva cette jeune enfant, et le bien spirituel qui se produisit dans son âme.

Tel est sommairement le mode des apparitions. Nous arrivons maintenant au point capital de notre récit et nous supplions humblement le Saint-Esprit de nous assister, afin que nos paroles ne soient que l'expression exacte de la vérité.

3° *Principales paroles de Marie, ou en d'autres termes, plaintes douloureuses sorties de son Cœur maternel.*

La très-sainte Vierge, dans presque toutes les apparitions que nous venons de décrire, a exprimé avec douleur le malheur de *ses prêtres.*

Le mardi qui a précédé la retraite ecclésiastique de l'an dernier, elle commanda à la voyante d'aller dire au révérend curé de Saint-Jean, qu'il fallait faire prier pour eux afin qu'ils se convertissent ; leur conduite l'affligeait grandement, et elle ajouta, en versant des larmes, qu'elle ne pouvait plus retenir le bras de son divin Fils.

Dans le cours de ces apparitions, elle s'est plainte, avec une vive douleur, des prêtres qui célébraient la sainte Messe en état de péché mortel et qui commettaient ainsi de grands sacriléges.

Dans son apparition du Samedi-Saint, dont nous avons déjà parlé, lorsqu'elle tenait le saint-enfant Jésus mort entre ses bras, elle déclara à la Voyante que c'étaient les péchés des prêtres qui l'avaient réduite avec son divin Fils, dans ce déplorable état ; le mal, disait-elle, était si grand, qu'il était presque sans remède et qu'elle se voyait forcée de laisser éclater sur eux la colére céleste.

Cette Mère de miséricorde, pour nous ouvrir les yeux et sauver *ses prêtres, qu'elle aime tant et qu'elle ne voudrait pas laisser périr*, leur indique la source principale des grandes fautes qu'ils commettent.

C'est leur scandaleuse désunion qui a engendré dans leurs cœurs la haine et la rancune, dans lesquelles leur amour propre les fait persévérer. Elle a rapporté plusieurs discours que ces prêtres, aveuglés par leur orgueilleuse passion, ont osé tenir devant des laïques. Nous n'en citerons que deux.

Une personne ayant demandé à un prêtre si la paix ne commençait pas à renaître parmi les membres du clergé, il eut le malheur de répondre : *Non, non, nous demeurerons dans le même état, et il ira cent ans avant que cette division finisse.*

Un autre prêtre interrogé par un laïque comment il pouvait célébrer la sainte Messe, avec la rancune dans le cœur ; le malheureux répondit : *Je mets ma rancune dessous mon chapeau pendant la messe, et après, je la reprends.*

Aussi, nous ne devons pas être étonnés de ce que le 4 de ce mois, notre Mère disait à la voyante, en généralisant sa plainte, que, depuis quelques années, la Savoie était en défaillance, que son clergé était dans la mauvaise voie, que ce *pays, dont elle avait toujours aimé et estimé les prêtres, était couvert de leurs péchés, qui vont en augmentant de jour en jour, et que, pour un grand nombre déjà, leur triste état est sans remède; nous touchons à la fin du temps de la miséricorde.*

Nous devons ajouter, pour l'instruction des vénérés membres de la Commission, que des communications privées, explicites, motivées, ont été faites, pour des fins diverses, à plusieurs personnes indiquées par la Vierge très-prudente. Ces communications demeurent secrètes. De plus, des secrets importants ont été confiés à deux personnes, dont l'une est Mgr notre évêque; leur réalisation sera une preuve irréfragable de la vérité de ce que nous venons de dire.

Il nous reste beaucoup de détails très-intéressants à vous donner; comme ils ne changent en rien notre grave thèse, et qu'ils n'arrivent que comme preuve de la vérité de notre récit, pour éviter des longueurs démesurées, nous les réservons pour le cas où il y aurait discussion.

Nous arrivons ainsi à notre quatrième point.

4° Quelle fin s'est proposée la divine Vierge dans cette série d'apparitions?

Ici notre réponse est courte et bien claire.

La Mère de la miséricorde a dit, avec une ineffable tendresse, dans son apparition du 10 de ce mois, que *le Diocèse de Maurienne était un diocèse de la Savoie qu'elle avait toujours bien aimé et qu'elle ne pouvait se résigner à le laisser périr. Elle a ajouté que, sans cette affection particulière qu'elle lui portait, il aurait déjà été abandonné.* Elle veut sauver les fidèles; mais, pour cela, il faut qu'elle sauve les prêtres, qui, loin d'édifier leurs ouailles, les ont plusieurs fois scandalisées. La fin de sa mission est donc le salut des prêtres.

Mais, devons-nous le dire ? pour que quelques-uns puissent encore être sauvés, ils doivent faire sans retard ce qu'elle a demandé et que nous allons indiquer pour finir. *Pour quelques autres*, l'heure est déjà passée , *ils seront perdus sans ressource ; il est même inutile de prier pour eux.* (Apparition du 10 de ce mois.)

5° *Quels sont enfin les moyens pour obtenir toute la miséricorde possible.*

Le premier moyen doit être mis à exécution par Mgr notre très-vénéré évêque, et les autres moyens doivent être employés par tous les membres du clergé, sans exception. 1° Monseigneur notre évêque, que la divine Vierge a favorisé d'un grand nombre d'instructions et qui « a mérité la grâce qui est offerte à son clergé, par ses aumônes et ses autres bonnes œuvres, et surtout par ce grand pèlerinage de l'an passé, » (apparition du 24 juillet), Monseigneur, disons-nous, doit pour obéir aux injonctions pressantes et répétées par Marie presque dans toutes les apparitions, faire connaître, sans nul retard, tout ce que nous venons de dire à tous les prêtres de son Diocèse ; Elle veut qu'il les appelle tous autour de lui afin de leur fournir le moyen facile de revenir à Dieu.

Et pour que l'honorable commission comprenne que rien jusqu'ici n'a été fait avec précipitation, je dois dire et j'en demande la permission à Monseigneur, que plusieurs fois la divine Vierge s'est plainte de la lenteur avec laquelle ses ordres étaient exécutés ; elle en a manifesté une profonde tristesse, elle en a exprimé un déplaisir

très-accentué, surtout le 1ᵉʳ et le 6 du mois de juin; elle
dit, alors, qu'Elle venait inutilement, et que, dès que
l'on ne voulait pas ajouter foi à ses paroles, au mois de
décembre, nous verrions dresser le gibet. Monseigneur le
sait, le temps est court; il y a urgence à faire aussitôt
ce que demande, avec tant d'instance, la très-clémente
Vierge, sinon, le nombre des impénitents deviendra
toujours plus grand.

Quant aux prêtres, aussitôt qu'ils auront connaissance
de cet immense bienfait que leur ménage la tendresse de
Marie, ils devront *prier* et *faire pénitence:* ces deux
mots sont le cri incessant de la Vierge. Prier avec humilité, repentir et confiance. Ils demanderont des prières à leurs paroissiens, sans en dire le motif principal,
ils en demanderont surtout aux enfants.

Faire pénitence, c'est-à-dire, avant tout, détester leurs
péchés et s'en corriger. Ils extirperont donc aussitôt de
leur cœur la haine et la rancune; ils lèveront sans retard,
tous les obstacles qui s'opposent à une prompte et sincère
réconciliation; ils se garderont bien de chercher dans les
nombreux replis de l'orgueil des motifs toujours faux
pour légitimer ce que chacun a fait de mal devant Dieu:
tous, nous devons dire, en examinant notre conscience,
sans porter le regard sur nos frères: *Peccavi.* Ceux des
prêtres qui n'entendront pas ce miséricordieux avertissement du Ciel se préparent des malheurs, et ils s'exposent à une imminente damnation.

Pour clore ce rapport déjà bien long, et afin que l'honorable commission, voyant clairement la fin si sainte que
se propose notre Mère, s'abstienne de toute discussion
qui ne serait pas nécessaire pour la constatation canonique de ce miséricordieux événement, je vais citer,
presque en entier, la dernière apparition du 24 juillet
courant.

Le 24 juillet, à trois heures du matin, la Vierge se montra vêtue comme de coutume ; son apparition dura cette fois une demi-heure.

Elle dit d'abord que sa mission était finie, qu'Elle ne descendrait plus sur la terre pour cette fin et qu'Elle y était venue seize fois, depuis le commencement du mois de mai.

Elle a dit à la voyante que jusqu'ici j'avais fait ce que j'avais pu ; mais que je n'avais pas encore assez fait. Si tout ce qu'Elle nous a dit avait été connu des prêtres, beaucoup d'entre eux se seraient reconnus et corrigés, et qu'ainsi nous demeurons obligés de les instruire aussitôt.

Elle a ajouté que les prêtres continuaient à vivre dans la désunion, qu'ils scandalisent les fidèles, et que plusieurs de ces fidèles, qui sont morts, sont en purgatoire parce que, trompés par leurs mauvais exemples, ils n'avaient pas suffisamment accompli la loi du pardon des injures. Il y a des prêtres qui vont manifester dans des maisons laïques leurs sentiments de haine contre leurs confrères ; Elle a donné plusieurs détails de leurs conversations scandaleuses.

Elle a dit que c'était leur amour propre qui leur faisait craindre que les fidèles ne connussent ce que la voyante avait été chargée de leur dire : « et ils ne craignent pas, « ajouta-t-elle, de les scandaliser par leur conduite. Ce « n'est pas que je veuille que les fidèles sachent les re- « proches que je leur fais ; mais je suis venue pour qu'ils « rentrent dans la paix, et que les fidèles les voient unis « entre eux comme des frères ». Ce sera ainsi qu'ils pourront eux-mêmes les convertir.

Elle a fait connaître que les prières demandées à quelques bonnes âmes lui avaient été très-agréables, et que plusieurs, sinon toutes, avaient été faites avec une grande ferveur, qu'elle les avait soigneusement recueillies et que le lendemain, samedi, elle descendrait en purgatoire pour en délivrer les âmes qui, depuis sept ans, y sont, pour les mauvais exemples que leur ont donnés les prêtres.

Elle demande que les âmes pieuses recueillent beaucoup de prières pendant la semaine pour les lui donner; elle voudrait en avoir *son plein tablier* (elle s'exprima ainsi), pour aller, le samedi, délivrer des âmes du purgatoire. Elle se plaint de ce que son jour privilégié n'est pas assez connu ; elle veut que nous fassions connaître cette dévotion du samedi, disant qu'ainsi nous éviterions de grands malheurs et obtiendrions des grâces particulières. .

Après quelques autres détails que je dois omettre, et qui, loin d'infirmer la vérité de ce que nous avons dit, ne font que la confirmer, elle a de nouveau recommandé à la voyante de dire à Monseigneur et à votre très-humble serviteur de persévérer avec force et courage, de faire vite connaître toutes choses, nous promettant qu'elle nous prêtera toujours aide et qu'elle nous bénira. Ce furent ses dernières paroles et elle disparut.

Ce que nous venons de dire est l'expression vraie, sincère et exacte de ce qui nous a été rapporté ; il n'y a de nous que la forme de la phrase, qui, même plus d'une fois, est la parole textuelle de la voyante, comme aussi, dans le n°5, il y a de nous un court développement rigoureusement logique de ces deux paroles : *prière et pénitence*, ces deux moyens puissants que l'auguste Vierge a tant de fois recommandés afin que ses prêtres puissent obtenir miséricorde.

Nous affirmons, devant Dieu qui nous jugera, qu'il n'y a eu en tout ce qui vient d'être dit, aucune entente préalable, aucun accord avec qui que ce soit, et nous repoussons comme une outrageante calomnie toute parole qui

laisserait percer l'idée de la plus légère supercherie.
L'honneur de la religion et la protection de la très-sainte
Vierge nous sont trop chers pour que nous voulions, à
l'aide d'un mensonge, qui serait ici un si grand crime,
perdre l'un et l'autre ; et comment oserions-nous, en face
de la formidable éternité, tromper volontairement Monseigneur notre très-vénéré évêque et père, et tous nos
bien-aimés frères dans le Sacerdoce.

Saint-Jean-de-Maurienne, le 27 juillet 1874.

J. ALBRIEUX,

*Supérieur du petit séminaire, prévôt du chapitre,
protonotaire apostolique.*

Quoique Nous ne soyons pas encore à même de porter, d'une
manière définitive, un jugement sur l'objet du rapport ci-des-
sus, Nous ordonnons, à raison de l'utilité du but, que l'on fasse
l'envoi d'une copie dudit rapport à chacun des prêtres de Notre
diocèse.

Saint-Jean-de-Maurienne, le 5 août 1874.

† FRANÇOIS-MARIE, *évêque.*

Roanne. — Imprimerie Roannaise, place de l'Hôtel-de-Ville. MARTONNI